外国人材を競争力に変える法

日本企業が外国人から**選ばれる力**を持つために

宮林利彦
株式会社キャムコム 代表取締役

ダイヤモンド社

外国人材を競争力に変える法

日本企業が外国人から選ばれる力を持つために

まえがき

日本企業が外国人材に「選ばれる力」を持つために

外国人材の「本音」

私たちにとって、日本は魅力的な国ではなくなった——。

これが、日本で働いている、あるいは働きたいと思っている外国人材の皆さんの「本音」かもしれません。

日本の労働市場では、外国人材の皆さんのこうした声が高まってきています。外国人材といえば、製造現場やコンビニ、介護施設に建設現場など、日本のあらゆる職場を支え、この国の労働力の一翼を担う存在です。しかし近年、彼らが日本に抱く印象が変化し「働きたい」と思える国ではなくなってしまった。冒頭の声は、それを端的に表しています。

令和の日本は、先進国で唯一平均賃金が上がらず、物価は高騰し、急激な円安が進むなど、さまざまな経済不安に見舞われています。

当然、こうした状況は日本から外国人材が遠のくきっかけにもなりますが、問題の本質は別にあります。では、その本質とは何か――。

私は、日本の魅力が失われた原因は「外国人材は安価な労働力」という、アップデートされていない私たち日本人の固定観念にある、と考えています。

長年、企業と人材をつなぐ人材会社を営んできたキャムコムグループは、2019年に外国人材事業をスタートしました。しかし、事業開発に取りかかったものの、外国人材の業界は採用や雇用に不透明な部分が多く、外国人材の労働環境や賃金の問題など、さまざまな課題が山積していたのです。業界が抱える問題を目の当たりにして、私は強い危機感を覚えました。

このまま放置すれば、日本で働く外国人材はいなくなり、私たちは経済活動を維持できなくなるだろう――。事態の悪化を防ぐためにも、まずは「外国人材は安価な働き手」という私たちの固定観念を改めることが、外国人材との未来を切り開く第一歩となるのではないか。そこに活路を見いだしたのです。

企業に求められる〝選ばれる力〟

キャムコムグループ代表の神保紀秀が、2010年に執筆した前作『非正規社員を競争力に変える法 エンプロイアビリティに気づいた組織だけが生き残る』では、日本人の非正規社員の「エンプロイアビリティ」を高め、企業で活躍する方法を説きました。

エンプロイアビリティとは日本語で「雇用され得る力」を意味します。神保は同著の中で、エンプロイアビリティは非正規社員が身に付けるべき「持ち運び可能（Portable）なスキル」であり、「仕事への自己推進力・自律推進力である」と詳しくつづっています（前作44ページ参照）。日本人の働き方に変革が起きている現代では〝個人の市場価値を上げるにはポータブルスキルが必須〟といった言説を目にしますが、神保はその重要性に創業時から気付いていたのです。

そして続編となる本書は、２０２２年よりキャムコムグループの統括を担っている私が、外国人材の受入れを検討している企業に向けて執筆した一冊です。今、新たな局面を迎えている日本の労働市場に必要な「外国人材のエンプロイアビリティ」について、広く伝えたいとの思いから、筆を執りました。

２０２３年10月末時点の外国人労働者数は２０４万８６７５人で、対前年増加率は12・４％。産業別では製造業が全体の27・０％を占めます(*)。今後も日本の労働力人口は減っていくため、外国人材の比重はさらに大きくなるでしょう。また、コロナ禍以降、外国人材の採用活動もオンラインで行えるようになりました。業界のＤＸ（デジタルトランスフォーメーション）化が外国人材の採用をサポートすれば、日本での就労はよりスムーズになるでしょう。そして彼らは、ますます日本にとって欠かせない存在になっていくのです。

外国人材が活躍する未来で、日本の企業に求められるのは〝選ばれる力〟ではないでしょうか。先述のように「外国人材は安く雇える」と考えている企業は、当然選ばれなくなるでしょう。価値観の変化に対応できない企業は、外国人材の採用や定着に悩みを抱えるリスクも高まります。今後は、さまざまなテクノロジーを使い、外国人材のスキルアップをサポートして、彼らの〝エンプロイアビリティ〟を高めるノウハウがある企業でなければ、生き残れなくなる——。私は日本の未来をそう予想しています。

これはすでに日本人の人材業界で起きている事象でもあり、今や企業は労働者を〝選ぶ側〟ではなく、労働者に〝選ばれる側〟になりました。おそらく10年後には、外国人材でも同じ状況に陥るでしょう。もうすでに、以前のように外国人材を採用できなくなった企業もあると聞きます。

それでは、外国人材に選ばれる企業の条件とは何か。それは、彼らの個性や文化を正しく理解し、共に成長していける企業です。

じつは、外国人を登用している企業が「郷に入っては郷に従え」とばかりに、日本流を強いるケースは少なくありません。また、外国人材に対して「日本人レベルの高い日本語力」を求めるなど、厳しく対応する企業も散見されます。しかし、このまま彼らの文化や個性を尊重せずに雇用していると、人材が定着せず、採用もできない〝選ばれない会社〟になってしまうのです。その結果、人材不足の解消はおろか、経営も危ぶまれるかもしれません。

反対に、真の意味で外国人材を〝ビジネスパートナー〟として受け入れている企業は成長を続けています。

本書では、外国人材を雇用している企業の担当者や、日本で働く外国人材の声に耳を傾け、企業と外国人材が抱える課題や解決策の実例を紹介しています。先人たちの経験は、あなたが外国人材と共に歩むヒントになるかもしれません。

この本が、読者諸氏と外国人材とが、良好な関係を築くための一冊になれば幸いです。

株式会社キャムコム代表取締役　宮林利彦

（＊）…厚生労働省「外国人雇用状況」の届出状況まとめ（令和5年10月末時点）
https://www.mhlw.go.jp/content/11655000/001195787.pdf

『外国人材を競争力に変える法』 目次

第2章

外国人材の受入れを成功させる四つの法則と四つの課題

第3章
外国人採用のDXを加速させたキャムコムグループのシステム

第4章

キャムコムグループが切り開いた外国人採用の扉　～課題を克服した企業

第5章　人材業界の代表として外国人材と企業のために果たすべき「使命」

プロローグ

優秀な外国人材の新たな宝庫・インドネシア

インドネシアに優秀な人材がそろう理由

「日本で働く外国人材」と聞いて、皆さんはどこの国の人々を思い浮かべるでしょうか。ベトナムや中国、フィリピン、ブラジルなどの国々を挙げる人が多いかもしれません。

厚生労働省が発表した「外国人雇用状況」（令和5年10月末時点）によると、就労している外国人のうち、最も多いのはベトナム国籍の人々です。その数は51万8364人に上り、私たちにとって欠かせない人材になっていますが、じつは近年、減少傾向にあります。その理由として考えられているのが、ベトナム人材が日本以外の国を選んでいること。とくに優秀な人材は日本よりも給与が高い、韓国やオーストラリアでの就労を希望するケースが増えているのです。また、後の章で詳しくお伝えしますが、ベトナム人材の多くは日本に来るために多額の借金を背負っているケースが多く、人道的な観点で受入れを問題視する声も上がっています。こうした実情も相まって、コロナ禍前まで毎年30%前後を維持していたベトナム人材の増加率が、2022年には2・0%へと落ち込んでしまいました。2023年には12・1%にまで回復したものの、コロナ禍前の水準には戻っていません。

次いで多い中国人材の場合は、自国の経済成長や高齢化により人手不足が懸念されており、あえて国を出る理由がなくなっています。

ただ、日本の製造業を支えてきた日系ブラジル人材の場合は少し事情が異なり、日本における日系4世の受入れ制度の要件が厳しくなってしまい、受入れが難しくなりました。

このように、外国人材が日本を選ばなくなった理由や背景は国ごとに異なりますが、日本の賃金の安さや待遇の悪さが日本離れを招いているという共通点もあります。とくに近年では円安などの影響もあり、これまで外国人材を送り出してくれた新興国の賃金と日本企業が外国人材に支払う賃金の〝差〟が小さくなっているのです。円安の影響も大きくありますが、例えば、ベトナム国内で優良企業に就職できれば、日本円に換算して月に10万円を稼げるようになりました。一方、技能実習生として日本で技術を学んでいるときに受け取れる給与は平均16万円前後。自国で働くのとそれほど変わらないならば、わざわざ日本に行く必要性を感じなくなるのも納得がいきます。

一度「稼げない国」というイメージが付いてしまうと、今後はさらに選ばれない国になってしまう可能性があります。「まえがき」でも触れたように、彼らを受け入れる私たちが「外国人材は安価な労働力」という考えにとらわれたままでは、外国籍の人々にも愛想を尽かされてしまう。外国人材を雇用する企業の意識改革は急務なのです。

そんな中、人手不足の日本を救う新たな外国人材として注目されているのが、インドネシアの人々です。東南アジアに位置するインドネシアには、日本の人口の約2倍に当たる2・7億人が生活しています。今、日本で働くインドネシア人材は12万1507人（2023年10月末時点）なので、割合としてはそれほど高くありませんが、2022年から2023年の1年間で56・0％の増加率を記録しており、今後はさらに増えていくと予想されています。

インドネシア労働省職業訓練局の元総局長、Budi Hartawan氏（以下、ブディ氏）は

「日本での就労を希望するインドネシア人は、これからも増えていくはず」と話します。

「インドネシアの総人口のうち、約50％が30歳未満の若年層なのですが、コロナ禍をきっかけに多くの若者が職を失ってしまいました。わが国の若年層の失業率の高さは、政府が解決しなければならない課題になっているのです。その施策の一つが、日本で技術を学ぶインドネシア人材を増やすこと。多くの若者が仕事を探しているインドネシアとは反対に、日本では多くの企業が若い働き手を求めていると聞きます。日本とインドネシアは、双方のニーズが合致しているのです」

ブディ氏が言うように、多くの日本企業が外国人材の力を求めており、若年層が多いインドネシア人材に熱視線を送っています。ただ、近年は日本以外にも、韓国やオーストラリア、ドイツなど人口減少に悩む国々が外国人材の登用に力を入れている状況です。

しかし、こうした世界情勢の中でも「日本で働きたい」と考えるインドネシアの若者は多い、とブディ氏。

「日本での就労を希望する理由の一つが、給与面にあります。インドネシア国内の世帯年収は増加傾向にありますが、多く稼いでいる人でも月4万〜5万円ほど。インドネシアの通貨、ルピアは円よりも貨幣価値が低いので、日本で働くことは収入増につながります。何より、日本での就労経験は現地で日系企業への就職に役立ったり、帰国後に起業する際の武器になったりもするのです」

日本の企業で技術や工期、予算を守る〝日本式〟の仕事術を身に付けると、起業したときに日本企業と仕事がしやすいという利点もあるそうです。また、世界的に見て〝最も難しい言語の一つ〟といわれている日本語を修得した人材は、故郷でも重宝されるとのこと。インドネシアの若者たちは〝ジャパニーズドリーム〟をつかむために、日本にやって来ているのです。

苦境に陥る技能実習生を救うための「業界のクリーン化」

私たちキャムコムグループとインドネシア政府の交流がスタートしたのは2021年。当社が設立発起人となり設立支援したJOE協同組合で代表理事を務める北沢智子が、新たなビジネスパートナーを開拓するために、ベトナムやインドネシアに渡ったのがきっかけでした。彼女は、自ら現地の送出機関に足を運び、悪質な送出機関や仲介業者によって技能実習生たちが借金を背負って日本に来ている実情を目の当たりにしたのです。

そんな折、北沢は、当時インドネシア国営の職業訓練局総局長を務めていたブディ氏と出会ったのです。

「北沢氏は『インドネシア政府が技能実習生の支援を行うことで、悪質な送出機関を排除できるのでは』と、私たちに提案してくれました。私たちは彼女の言葉に共感し、国家プロジェクトとして技能実習生の負担軽減策に乗り出したのです」と、ブディ氏は振り返ります。

「パイロットプロジェクト」と名付けられたこの施策では、政府やJOE協同組合による金銭的援助や、私たちキャムコムグループによる教育支援を実施しています。

「私たちインドネシア政府はプロジェクトの遂行に加え、悪質な送出機関の取り締まりを強化しています。まず、インドネシアにある289の送出機関を対象に厳しいチェックを行い、それを通過した機関にのみ労働省の認可を出す仕組みを作ったのです。その結果、労働省に加盟できた優良な機関は100程度と半分以下になりましたが、審査に通らなかった組織にもトレーニングセンターを設置するなどの対応を行っています。これからも送出機関の適正化・良質化を図り、加盟数を増やすよう努めていきます」（ブディ氏）

インドネシア政府が本気で〝業界のクリーン化〟に取り組んでいる一方、日本の社会や企業側には、彼らを迎える準備ができているのでしょうか。答えはNO。日本では、インドネシアの人々のルーツでもある宗教的背景や、多様な価値観を尊重して上下関係を重んじる文化など、彼らと共に働くために必要な知識や理解が足りていないのが実情なのです。そして、私たちキャムコムグループには、そうした日本企業が外国人材に抱いているさまざまな勘違いや不理解を解消する使命があります。

「穏やかなインドネシア人は、優しく真面目な日本人に親近感を抱いています。この出会いをきっかけにして、インドネシアが日本の最良のビジネスパートナーになれるように尽力していきます」

ブディ氏がそう期待を寄せるように、今後もインドネシア政府とキャムコムグループは共に歩み、より良い形で支え合っていける関係を築けるように努力していきます。

インドネシアの現状や熱い思いを通して、インドネシア人材の重要性とその魅力が、読者の皆さんにも伝わったのではないでしょうか。誠実な彼らには、潜在的にエンプロイアビリティが備わっているといえます。外国人材を取り巻く情勢は刻一刻と変化しているため、日本の企業にはその変化のスピードに追い付き、柔軟な対応をすることが求められているのです。次章では、実際に外国人材を受け入れて、試行錯誤を重ねながら彼らとの協働を実現している企業の事例を紹介していきます。

第1章

人材不足大国・日本

〜なぜ、この企業は外国人材の採用で成功したのか

人手不足解消の手段としての外国人材

日本における外国人材の重要性を語る上で、人手不足の話題を避けては通れません。２００８年をピークに、わが国の総人口は減少の一途をたどっています。労働力人口の観点でいえば、１９９５年を境に15〜64歳の〝生産年齢人口〟は減っているものの、かつてに比べて女性や65歳以上の就業者が増えているため、今も１９９０年代後半の労働力を維持していますが、働く人々の〝都市志向〟は依然高く、地方での労働力不足は加速しています。

厚生労働省が、帝国データバンクの「人手不足に対する企業の動向調査」を基に企業が抱える〝人手不足感〟の特徴を地域別で分析（＊1）したところ、三大都市圏（＊2）以外の地域で人手不足を強く感じていることが明らかになりました。従業員を募集しても人が集まらない企業が多く、加えて従業員の自発的な離職も増加。地方では、人を雇いたくても雇えない状況が続いているのです。

各企業は人手不足を緩和するため、募集時の賃金引き上げや、定年の延長・再雇用、非正規社員から正社員への登用に力を入れていますが、成果が出ているとは言い難いでしょう。

こうした問題を解決するための取り組みの一つが、外国人材の登用です。代表的な施策が、2019年にスタートした在留資格「特定技能」。これは、特定の技能を有した外国人材と受入れ企業が雇用契約を結び、彼らを働き手の一人として迎える制度です。すでに一定の技術を修得した外国人材が就労するので、即戦力として活躍してくれます。現在、特定技能制度では、「建設」と「造船・舶用工業」「農業」など11分野に従事している外国人材は、在留期間に制限がない「特定技能『2号』」という在留資格の取得も可能です。日本政府が本腰を入れてグローバル人材の採用に乗り出しています。

（＊1）… 厚生労働省「令和元年版　労働経済の分析　─人手不足の下での『働き方』をめぐる課題について─」

（＊2）… 三大都市圏とは、東京圏（東京都、神奈川県、埼玉県、千葉県）、名古屋圏（愛知県、岐阜県、

三重県）、大阪圏（大阪府、兵庫県、京都府、奈良県）を指す

外国人材が多く活躍する製造業の現場で起きていること

そんな現代の日本で、最も多くの外国人材を採用している産業は「製造業」。外国人材を受け入れている全ての産業のうち、27・0％を製造業が占めています（2023年10月現在）。愛媛県では、同県で働く外国人材の56・6％が、製造業に従事しているそうです。この業界で働く外国人材が多い理由は、先述の通り〝人材確保が困難〟な点にあります。製造業は、都市部ではなく広大で安価な土地に工場を建てるため、働き手の勤務地が、必然的に日本人の働き手が少ない地方に偏ってしまうのです。また、日本の製造業は、いわゆる3K（きつい・汚い・危険）職業というマイナスイメージが強く、若い人に選ばれにくいという特徴があります。そうなると、正社員の募集をかけても応募者が集まらなかったり、派遣社員の場合は、より条件の良い工場へ移っていったりと、人材の確保が非常に困難な状況といえます。そのほか、小さな

町工場では、熟練の技術を持つスタッフが一人で作業に当たっているケースが多く、若手の後継者がいないため、技術が継承されずに失われていくという、高齢化も問題になっている業界です。

私たちキャムコムグループは、製造業での派遣スタッフのあっせんをなりわいとしているため、時代の変化をこの目で見てきました。当社のミッションは地元の企業と地元の働き手をつなぐことですが、〝地元の人〟の絶対数が減っており、それもままならない地域が多くあるのです。

そんな状況下で、徐々に存在感を増してきたのが、外国から日本に働きに来てくれる外国人材の方々でした。今や彼らの力なくしては、工場経営が回らなくなってしまう企業も少なくないでしょう。

その一方で、読者の皆さんの中には、一部の製造業者が外国人材に対して長時間勤務をさせたり、劣悪な環境下で生活をさせたりなどの〝ブラック労働〟が常態化しているというニュースを見た人もいるのではないでしょうか。

とくに批判が集中しているのが、日本に技術を学びに来ている技能実習生に対する待遇の悪さです。現行の制度では、技能実習生は自らの意思では実習先を変えられず、過酷な環境から逃れられません。全ての事業者ではありませんが、実際に一部の企業で起きていたのは事実。私たちも、製造業界、そして外国人材事業に携わる者として、一連の報道を重く受け止めています。

後の章でも触れますが、課題が山積している現在の技能実習制度は〝見直し〟に向けて進んでおり、今後はより技能実習生たちが快適に就労できる制度に変わる可能性も高まっています。

もちろん、外国人材を歓迎し、共に働き、会社の成長につなげている企業も多数存在しています。そうした企業では、技能実習生の日本語教育に力を入れたり、一人一人が安全に作業を行うために「危機管理能力」の知識を高める育成法を実施したり、給与明細に日本語と本人の母国語で〝ねぎらいのメッセージ〟を添えたりして、外国人材のモチベーションややりがいを高めている企業もあるそうです。外国人材を受け入れるには、こうしたこまやかな気遣いが非常に重要である、と私は考えます。

受入れ企業が多い製造業では、少しずつですが、受入れの成功事例も増えています。

しかし、業界が変われば受入れを成功させるこつも異なるはず。

そこで、この第1章では、農業、建設、介護の業界で、継続的に外国人材を受け入れて、協働を実現している企業の事例をご紹介します。企業の多種多様な取り組みから、外国人材活用のヒントを探っていきましょう。

高齢就業者の割合が多い「限界産業」農業の救世主

最初に取り上げるのは、農業における外国人材の活用事例です。農業といえば、米や野菜など農作物を育てたり、家畜を育てたりと、日本の〝食〟を担う重要な産業。

しかし近年、農業を営む人々の年齢層は高齢化の一途をたどり、２０２２年に政府が行った調査（＊3）によると、農業、林業における65歳以上の高齢就業者の割合は52・6％。全15業種の中で最も高いことが明らかになっています。

当然ですが、高齢就業者が過半数を占めているからといって、農家の仕事が高齢者に向いているわけではありません。年齢を重ねてからの農作業は体への負担も大きく、加齢を理由に廃業を迫られる農家も多いといいます。また、農作物は天候の影響を受けやすく、収入も不安定。安価な輸入作物と競合しなければならない、といった要素がネックになり、長年、若い担い手が増えないという状況が続いています。

こうした厳しい状況にある農業の救世主となりつつあるのが、ほかでもない外国人材なのです。2022年10月末の時点で農業分野における外国人材の受入れ人数は、4万3562人(*4)。その多くは技能実習制度を利用して日本に来る技能実習生です。技能実習生とは、一定期間、日本の受入れ先で技術を学ぶ外国人材。彼らには給与が発生しますが、あくまで技術を修得してもらうのが目的となります。

一方、2019年にスタートした特定技能制度では、より熟練した技術を持つ外国人材を共に働く人材として雇用できるようになりました。現在、農業分野では技能実習から特定技能に在留資格を移行するケースが一般的。この4年ほどは新型コロナウイルス感染症の世界的流行の影響で受入れ人数が鈍化しましたが、コロナ禍が落ち着いた今後は再び増加すると予想されます。

私にとって、農業は門外漢の産業ではありますが、人手不足や高齢化が急速に加速している中で、外国人材がどのように活躍してくれるのか、その可能性に強い興味を抱いています。

（＊3）：総務省「労働力調査」（基本集計）

（＊4）：農林水産省「令和4年度 食料・農業・農村白書」（2023年5月26日公表）

マジカナファーム～酪農で外国人受入れの先駆けとなる

今回、農業分野での成功事例として登場いただいたのは、北海道広尾郡大樹町中島にある農事組合法人マジカナファーム。2014年に、大樹町にある6戸の個人農家が共同で法人を立ち上げ、現在は広大な牧場で1370頭もの牛を飼育しています。

そして、このファームには、ベトナムやインドネシアから来た11人もの外国人技能実習生が在籍しています。牧場の経営に携わる坂井正剛氏は、個人で牧場を営んでいた時代から技能実習生を迎えており「今や〝なくてはならない存在〟になっている」と、本音を語ります。

「実習の内容は、ミルカー（搾乳機）を使った搾乳作業や、牛舎の清掃、牛の飼養管理など牛のお世話が中心で、勤務時間は1日6～7時間。生き物に接する仕事なので丁寧さが求められる中、皆さん一生懸命取り組んでくれていますね。私たちは、2011年ごろから技能実習生の受入れを始めました。それまでは、日本人のスタッフを雇っていたのですが、結婚を機に退職するなど、なかなか定着してもらえず困っていたんです。そんな折、近隣の大きな牧場で外国人技能実習生を受け入れていると聞き、彼らに興味を持ちました」

現在は町内の多くの牧場で外国人材を迎えていますが、当時は少数派。ほとんど前例がないため、試行錯誤の連続だった、と坂井氏。

「とくに大変だったのは、住環境の確保。個人農家時代の受入れ人数は1～2人だったので自宅で対応できましたが、法人になってからは人数が増えて手狭になりました。

しかし、大樹町中島は人口よりも牛の頭数の方が多い地域で、アパートなどがある街中は10キロほど離れています。技能実習生たちが通える距離には住める場所がなかったので、2019年に新築で社宅を建設したんです」

社宅の外観はマジカナファームのテーマカラーと同じく、黒と赤を基調にしたシックなデザインで、冷暖房完備の個室が一人一人に用意されています。住まいは、働く人々にとって生活の基盤となる場所。建設費用はかかったものの、彼らのモチベーションの維持や疲労の回復につながっているそうです。

「住まいのほかに苦労したのは、やはり言葉の壁ですね。実務に関しては監理団体（技能実習生の活動や受入れ企業のサポートなどを行う非営利団体）の方に協力してもらい、作業手順を撮影した動画に、技能実習生の母国語の字幕を付けてもらいました。また、酪農には専門用語が多く、その言葉と意味をしっかりレクチャーする必要があります。技能実習生たちの学習をサポートするために、業務終了後には勉強会を開くなど、学ぶ機会を設けるようにしています」（坂井氏）

技能実習生の本分は、技術を身に付けることにある。言葉が通じないから教えられない、と諦めずに根気強く知識を伝えているといいます。

「生活面ではごみの分別を間違えてしまった、などのトラブルもありました。ただ、彼らは慣れない土地での暮らしに苦労しているはずなので、頭ごなしに怒ることはせず、丁寧な説明を心がけています。やはり、言葉が通じない分、お互いに表情や態度で相手の気持ちを察しなければならない場面が多いので、可能な限り、威圧的な態度を取らないように気を付けています」（同）

外国人材にとって、生まれ育った国以外での暮らしは、それだけで大きな負担やストレスになります。そんな彼らの不安に寄り添うのも、迎える側の重要な役目、と坂井氏は話します。

大樹町に活気を取り戻してくれた技能実習生たち

マジカナファームで事務作業や広報、ＳＮＳ運用などを担当している坂井氏の妻、樹梨さんもまた、技能実習生とのコミュニケーションを大切にしている一人。

「日頃から積極的に話しかけて、たわいない会話や実習の相談など、何でも話せる関係の構築を心がけています。そのほか、冬になって雪が積もったときはみんなでスキーに出かけたり、夏には町内の夏祭りに行ったりと〝暮らしを楽しめる環境づくり〟も大切にしていますね」

真冬の気温はマイナス20度に達する大樹町。そこには、インドネシアやベトナムなど技能実習生たちの出身国とは、まったく異なる環境下での生活が待っています。その環境でも、より充実した技能実習生活を送れるように、坂井夫妻は技能実習生たちを家族の一員として迎えているのです。

また、マジカナファームのSNSを通して、現地の外国人材との交流も生まれている、と樹梨さん。

「フェイスブックやインスタグラムに、牧場や技能実習生の様子を投稿したところ、次の期に来る予定の技能実習生から『今、日本語の勉強を頑張っています！』というコメントがメッセンジャーで送られてきたこともありました。外国人材に向けて発信しているわけではないのですが、彼らにとっては実習先の様子を知る手段にもなっているようです」

マジカナファームのSNSは、外国人材と牧場をつなぐ架け橋になっているといえます。また、牧場がある大樹町中島では、地域住民と外国人材の交流も盛んに行われている、と坂井氏は話します。

「中島は人口が50人ほどのエリアなのですが、現在、当牧場やほかの牧場も含めて20人前後の技能実習生が生活をしています。彼らは町のお祭りや行事に積極的に参加してくれるので、町に元気が戻ってきました」

外国人材の若い力は、町に活気をもたらしているようです。

ＪＡ大樹町の手厚いサポート

そして坂井氏は「ＪＡ大樹町のサポートも非常に助かっている」と話します。聞けば、大樹町では２０１４年ごろからＪＡ主導で外国人材の採用を推奨しているそうです。当時ＪＡ大樹町で理事を務めていた浅野邦雄氏は、農協を挙げて外国人材の受入れに取り組むようになった経緯をこう振り返ります。

「以前は、家族や夫婦二人で牧場を運営する酪農家が多かったのですが、組合員から牧場の規模が大きくなるにつれて少人数では対応できず、人も集まらない……などの相談を受けるようになりました。当時、坂井さんの牧場など個人農家では、先駆的に外国人材を受け入れていましたが、あくまでごく一部。農協として人手不足の解消方法を模索しているときに、栃木県大田原市はベトナムのダナン市と友好都市の提携を結び、外国人材を採用していると聞き、栃木に飛びました。そこで現在もバックアップをしてもらっている監理団体の方をご紹介いただいたんです」

そして、本格的に外国人材の採用をスタートするに当たり、まずはＪＡの組合長をはじめ、役員10人が自ら経営する牧場で外国人材を迎えた、と浅野氏。この施策により、普及が早く進んだと言います。

「農協が『外国人材を受け入れましょう』と口だけで伝えても、初めてのことにはチャレンジしにくいのが組合員の皆さんの心情です。そこでまず、役員が旗振り役となって自分の牧場に技能実習生を迎えて、経営に生かしている姿を見てもらいました。

その結果、『○○さんのところはうまくいっている』といううわさが広まり、翌年には申し込みが急増したんです」

農家同士の強固なコミュニティーを逆手に取り、トップからの浸透を図る。地域性や業界の特性を見事に捉えた手法といえます。

そのほかにもJA大樹町では、受け入れて終了とならないよう、組合員や技能実習生のケアも行っているとのこと。

「月に1度、JA大樹町の本所に技能実習生の皆さんを集めて、日本語教室を開いています。日本語の勉強だけでなく、みんなで年賀状を書いたり、福笑いをしたり、警察の方を呼んで防災に関する勉強会を開くなど〝レクリエーション〟を行っています。そうした機会を通して技能実習生たちと話をすると『将来は通訳になりたい』『技術を身に付けて母国で働き、家を建てたい』と夢を語ってくれて、高い志を持って日本に来ていることを知りました。皆さん、とても真面目な若者なんですよ」（浅野氏）

当初は技能実習生の日本語力アップを目的に始めた日本語教室でしたが、今では、重要な交流の場になっている、と浅野氏。

「技能実習生たちにとっては、ほかの牧場にいる友人に会って、リフレッシュする機会になっているようです。母国語で会話をしたり、インターネットで買ったものを物々交換したりと、楽しく過ごしています。また、勉強会の日は牧場の事業主が車で技能実習生たちを送り迎えしてくれるのですが、その時間も、技能実習生と事業主がコミュニケーションを図る場になっています。全ての事業主が坂井夫妻のように、技能実習生と密に交流ができるわけではないので、送り迎えの時間を使って会話をするようにＪＡからもお願いしています」

事業主とコミュニケーションがうまく取れずに悩んでいる技能実習生がいれば、浅野氏や監理団体の担当者が訪問し、事業主に指導を行うケースもあるそうです。そうした課題にＪＡが真摯に取り組んでいるのも、この町の特徴といえます。

町ぐるみで関わる――外国人材活用のロールモデルに

また、受入れ先の酪農家だけでなく、大樹町に住む人々も外国人材たちとの交流を楽しんでいる、と浅野氏は語ります。

「それまで、この町は外国人を見かける機会が少ない地域だったので、住民の皆さんも物珍しさからか、技能実習生に話しかけてくれるんです。例えば、スーパーに買い物に行ったときに『どこの牧場にいるの？』と声をかけられて、いつの間にか長く話し込んでいることもしばしば。いい意味で技能実習生たちを〝かまってくれる町〟なので、助かっています」

地域によっては外国人材と住民のあいだに隔たりがあり、外国人だけの社会を形成してしまうケースも少なくありません。その点、大樹町には当初から彼らを受け入れる土壌があったといえます。

今や町にとってもかけがえのない存在になっている外国人材。浅野氏は今後も、より多くの外国人材の受入れを目指すとともに「彼らに、生きがいや、やりがいを提供したい」と、展望を語ります。

「これから、さらに人数が増えていく外国人材に対して、より積極的に私たちからアプローチをしていく予定です。地域のお祭りやスポーツイベント、サークル活動など、技能実習生たちが大樹町での生活を楽しめる施策を提案していきます。また、彼らの〝夢〟を実現するための支援もしていきたいですね。そうして大樹町で過ごした数年間が、彼らにとっていい思い出になれば、また町に戻ってきてくれたり、母国に帰って次の世代に大樹町の魅力を伝えてくれたりするかもしれません。これから先、長く続く関係性を築いていくのが、目標の一つです」

町ぐるみで外国人材と関わる──。大樹町が外国人材活用のロールモデルとなる日も近いでしょう。

日本のインフラや生活を支える建設業界の深刻な危機

続いて話を聞いたのは、解体業を営む三同建設株式会社。同社が属する建設業界でも、多くの外国人材が活躍しています。そこで、まずは日本の建設産業の現状についてお話ししましょう。

建設産業と聞くと、住宅や商業施設の建設工事を思い浮かべがちですが、そのほかにも高速道路などのインフラ整備、災害時の復興事業にも携わっています。私たちが平穏な日常生活を送る上で、欠かせない産業の一つです。

リーマンショック直後は、日本でも建設事業への投資額が大きく落ち込みましたが、2011年に発生した東日本大震災の復興事業や、東京オリンピック・パラリンピック特需もあり、市場は回復。さらに今後は、過去に建設したインフラ設備や住居の老朽化が進んでいるため、それらの修繕・改修の需要が大きく伸びると予想されています(＊5)。

しかし、市場の盛り上がりに反して、建設業界の担い手不足は深刻さを増しています。1997年に685万人でピークを迎えた平均建設就業者数は、減少の一途をたどり、2023年には483万人までその数を減らしています(＊6)。就業者の年齢層も35・5%を55歳以上が占めているのに対し、29歳以下の割合は12・0%。急激な高齢化により、建設業界の〝技術の継承〟も危ぶまれる状況です。

このように建設業界で人材不足が進んでいる背景には、少子化のみならず、人々が建設業に抱いているマイナスイメージが大きく影響しています。高所での危険な作業や、夏は暑く、冬は寒い過酷な環境。また、休みが取りにくく、長時間労働が常態化し、雇用が不安定で給与が変動しやすい等々……さまざまな要因がネックとなり、若年層が離職し、就業者も増えない状況が続いているのです。

（＊5）：一般社団法人日本建設業連合会「建設市場の現状」
（＊6）：総務省「労働力調査」（基本集計）

「働き方改革関連法」のインパクト

そんな建設業界にも、2019年に施行された「働き方改革関連法」によって転機が訪れています。働き方改革関連法は、派遣事業に携わる当社にとっても、非常にインパクトがある出来事でした。

現在、各産業で職場環境や労働条件の改善が進められていますが、建設業は人材不足の深刻さから、適用まで5年の猶予が与えられています。しかし、2024年からは、ほかの産業と同様に時間外労働の上限規制が設けられ、これまでのような長時間労働が不可能に。この問題に対し、建設業関係各社はさまざまな方法で人手不足の解消に取り組んでいます。

例えば、大手ゼネコンの現場では週休2日制を導入し、屋外で作業する職人にスマートウオッチを配布して、一人一人の健康状態を確認しながら作業を進めるケースも。そのほか、デジタルツールを導入して「省人化」を図る現場も増えているそうです。

これらの施策の一つとして、外国人材の皆さんにも熱視線が送られています。厚生労働省の発表によると、建設分野に従事している外国人材の数は2023年10月末時点で14万4981人。この数字は、現在外国人材を採用している全産業の約7・1%に当たります。その多くが技能実習の在留資格を持つ技能実習生ですが、2019年4月にスタートした特定技能制度を利用する外国人材も年間数千人単位で増えています。日本の建設産業の〝これから〟にとって、グローバル人材が重要な働き手になることは間違いありません。

三同建設～不足する能力を補うための外国人材受入れ

　私たちの取材に応えてくれた三同建設は、全国各地の大型商業施設や高層ビルなど、さまざまな建物の〝解体工事〟に携わっています。創業50年を超える三同建設が技能実習生の受入れをスタートしたのは、2013年のことでした。同社の専務取締役、福本克也氏は受入れを決めた経緯について「人手不足がきっかけではなかった」と話します。

「人材は足りていましたが、〝私たちに不足している能力を補うため〟に、技能実習制度を導入しました。当社の技術が足りていない分野で技能実習生を受け入れ、一緒に学びながら企業としても成長する、という目標を掲げたんです。ただ、制度上、受入れが可能な作業が決められていたので、建物を取り壊す際に足場を組む〝とび作業〟で、3人の技能実習生をベトナムから採用しました。当時は特定技能制度がなく、技能実習生が在籍できるのは最大で5年。そのあいだにどれだけの技術を伝えられるのかも未知数だったので、初めは手探りの状態でしたね」

先述の通り、2010年代初頭の建設業界はリーマンショックの影響をダイレクトに受けていた時期。その状況でも、新たなチャレンジができたのは、三同建設に宿る開拓精神に加え、主要事業が解体工事だったことも後押しした、と福本氏は話します。

「当時は金融不安から新築マンションや新築一戸建て住宅の着工数も減り、不動産関連の投資が大幅に減少しました。ただ、私たち解体業は老朽化した建物の取り壊しなどの受注が中心なので、景気に左右されにくい事業。そのため、新しいことを始める余裕もありました。また、海外に目を向けると、アジアでは超高層ビルの建設が増えており、建設前の取り壊しニーズも高まっていました。早いうちに技能実習生を育てておけば、私たちが海外で事業をスタートする際に現地で彼らを雇えるのでは、という狙いもありましたね」

外国人材の採用経緯の話題はネガティブな内容になる傾向がありますが、三同建設は〝未来〟を見据えてグローバル人材を受け入れています。福本氏の言葉を聞き、こうした姿勢は外国人材を受け入れている多くの企業に広がってほしい、と感じました。

技能実習生の失踪を招く受入れ企業の間違った認識

「技能実習は、自社で策定した『技能実習計画書』に基づいて進めています。初めこそ言語の壁がありましたが、受け入れた3人の中に非常に優秀な技能実習生が1人いたんです。実習を続けるうちに、その技能実習生が私たちの伝えたい内容をほかの2人に通訳してくれるので、コミュニケーションがスムーズになり、とても助かりましたね」（福本氏）

ちなみに、優秀な技能実習生がたった一人で日本語力を上げたわけではありません。三同建設では「日本語能力試験」「技能検定」など、技能実習制度に関わる検定などの勉強会を独自に開き、積極的に学習面のサポートを行っているのです。

「彼らには〝日本に来ることがゴールではない〟という意識を持ってもらうために、座学で日本語と技術を学ぶ機会を設けました。全員が真面目に取り組んでくれて、1年目の技能検定では『とび基礎級』に合格。優秀な技能実習生は実習期間が終わるま

でに日本語能力試験の認定レベルN2を取得しました」(同)
日本語能力試験のN2を持つ外国人材は、日常の会話を難なくこなせる、ハイレベルな日本語力を有しています。そうした人材が一人でもいると、職場でのコミュニケーションが非常に円滑になるのです。同社の学習に関する取り組みは、実際に成果として表れているといえます。
また、生活面のこまやかなケアを行うのも三同建設の特徴。
「総務のメンバーが中心になって、技能実習生のお世話をしてくれています。例えば、2カ月に1回は食事会を開いたり、サッカー大会を開いたり、バーベキューをしたりと、さまざまな方法で技能実習生のストレスを取り除いてくれるんです。彼らが技能実習生を家族のように迎えてくれたおかげで、当社における受入れの〝流れ〟ができましたね」(同)
サポートのかいもあり、三同建設での実習は非常に有意義なものとなっています。帰国後もSNSでの交流が続き、結婚式に招待されてベトナムに飛んだこともある、と福本氏は笑顔で話します。

「初めの頃は部屋に友人が集まって騒いでしまう、といった近隣トラブルもありましたが、日本の集合住宅での過ごし方を説明すると分かってくれました。それから1年もたつと、そうした文化の違いも気にならなくなりましたね。これまで4期の技能実習生をベトナムから迎えてきましたが、滞在期間が長くなるとみんな日本人の考え方に近くなってくる印象があります。ただ、住居に関しては『外国人入居可の物件』を探すのに苦労しました。そこで当社では、技能実習生本人に住む家を探してもらうことにしています。この方法なら、同じエリアに住んでいるベトナムの人経由で、外国人が入居できる物件を紹介してもらえるんです」

同じ国の出身者たちの〝横のつながり〟を活用する物件探し。この手法は、外国人材の物件探しに悩む企業にとってヒントになるかもしれません。

三同建設の監査を担い、受入れの際のサポートも行っている監理団体の担当者は「同社のように技能実習生に理解がある企業ばかりではない」と、その実情を話します。「彼らに対して、いまだに〝安価な人材〟という勘違いを抱いたまま、技能実習制度を導入する建設業者は少なくありません。間違った認識で彼らを受け入れると、メディアで取り上げられるような法令違反の長時間業務をさせたり、技能実習生が失踪したりなど、大きなトラブルを招きかねません」

技能実習生の失踪は、外国人材業界が抱える大きな課題の一つ。とくに建設業は技能実習生の失踪事例が非常に多く、長らく解決策を模索しています。

「この問題を解決するには、受け入れる側が技能実習制度を本質的に〝知る〟必要があります。技能実習生の育成には時間がかかり、生活もサポートしなければならない、といった側面もあり、外国人材は、決して使い捨ての人材ではないんです。こうした説明を聞いて難色を示す企業は、受入れには向いていないですね」（監理団体の担当者）

三同建設の福本氏が語った〝日本に来ることがゴールではない〟という意識は、技能実習生だけでなく、受入れ企業にも必要な考え方といえそうです。

業界未経験の技能実習生に〝即戦力〟を求めない

前出の福本氏は、技能実習生を受け入れるメリットについてこう話します。

「技能実習生たちは礼儀正しくて素直なので、現場が和むんです。高齢化が進んでいる業界なので、彼らの若さが武器になっていると感じます。当然私たちも、技能実習生と一緒に作業をする職人に制度を正しく理解してもらえるように努めています。現場で職人と技能実習生のあいだに認識のズレが生じないようにサポートするのも、受入れ企業の重要な役目なんです」

現場の職人たちが、誤解をして業界未経験の技能実習生に〝即戦力〟を求めてしまった場合、トラブルになるリスクがあります。とくに技能実習生を受け入れる際には、現場のフォローを徹底する必要があるのです。そして三同建設は、外国人材一人一人のモチベーションを維持する施策も取り入れています。

「優秀な人材には『段取り』という仕事も任せています。段取りとは、工事の流れを把握して職人たちに指示を出すまとめ役。そのため、外国人材が年上の職人にも指示出しを行うのですが、実習や作業を通して信頼関係を築いているので、彼らが指揮をしてもあつれきが生じにくいんです。重機オペレーターを担当している外国人材が、

年上の日本人の職人に作業の方法を教える光景も珍しくないですね」(福本氏)

年齢や国籍に関係なく、ステップアップが可能な仕組みがあるため、やりがいを持って業務に取り組める環境なのです。

「また、継続して受入れを行っていると、先輩技能実習生が新たに迎えた技能実習生の生活指導や通訳をしてくれるようになりました。直近で受け入れた4期生の中には、過去に技能実習生として三同建設に来てくれた人の親戚がいるんです。国に帰った技能実習生が、当社を信頼できる実習先として紹介してくれていると分かり、うれしかったですね」(同)

三同建設の〝面倒見の良さ〟は、現地にも伝わっているようです。

技能実習生の受入れを始めて12年目。さらに、2019年にスタートした特定技能制度も導入し、一部の技能実習生は在留資格を特定技能に切り替えて、同社が雇用するケースも増えているそうです。社会的な変化も相まって、今後、グローバル人材は同社の中でさらに存在感を増していくだろう、と福本氏。

「建設業界の若手離れは、渦中にいる私たちも肌で感じています。現場の職人は40~

50代が中心なので、高齢化はこれからも進むでしょう。業界全体で取り組まなければならない課題なので、当社が蓄積した外国人材の受入れに関わる知見を体系化して、より多くの建設事業者に伝えていきたいです」

外国人材と協働するノウハウを広く伝えたい。三同建設は、建設業界、企業、外国人材それぞれにメリットがある〝三方良し〟を実現しつつあります。

超高齢社会・日本を介護で支える外国人材

全人口のうち、65歳以上の割合が29・1％（2023年9月15日現在の推計）を占める〝超高齢社会〟となった日本。厚生労働省が公表した推計(＊7)によると、2025年を境に団塊の世代の人々が75歳以上を迎えるため、後期高齢者がさらに増えるとされています。また、同データでは高齢者数に対して必要な介護職員の人数も割り出されており、2025年度までに新たに約32万人の人材を確保しなければなりません。抜本的な高齢化対策が求められているのです。

人手不足が喫緊の課題になっている中、公益財団法人介護労働安定センターが実施したアンケート（*8）では「従業員が不足している」と回答した介護サービス事業所の割合は、全体の66・3％という結果に。2025年のXデーを目前にしながら、すでに圧倒的に供給が足りていない状況といえます。

なんとしても働き手を増やしたいところですが、かねて「介護職は社会的意義のある仕事だが、業務が過酷で賃金が低い」というネガティブなイメージが強く、日本の若者のなり手は激減。現場職員の高齢化が進んでいます。このように介護産業は、現代の日本が直面している〝少子高齢化問題〟の最前線にある業界なのです。

こうした人手不足を解消する施策として、日本では国を挙げて外国人材の受入れを進めてきました。介護業界の外国人材受入れの歴史の始まりは2008年までさかのぼります。この年、日本とインドネシアの経済連携を強化する「経済連携協定（以下、EPA）」に基づき、外国人看護師・介護福祉士候補者の採用がスタートしたのです。現在はフィリピン、ベトナムともEPAを結び、三つの国から多くの外国人材が来日しています。

ＥＰＡ以外にも介護関連の在留資格は三つあり、日本で永続的に就労できる在留資格が複数存在している点も、介護業界の特徴です（60～61ページ表参照）。他分野よりも制度が煩雑に思えますが、間口が広い分だけ、より多くの人材を受け入れられるのが大きなメリットといえるでしょう。

外国の人々が、介護職を目指して日本にやって来る理由の一つは〝夢をかなえるため〟です。高齢化が進む日本では「介護」が産業として定着していますが、アジア諸国の介護分野は発展途上なので、自国では学ぶ場所が限られています。そこで、アジアの人々は、経験を積む場所として日本を選ぶケースが多いそうです。また、日本で「介護福祉士」の資格を取得すると、自国での就職に有利に働くなど、彼らにとってメリットがある選択でもあります。

（＊7）…　厚生労働省「第8期介護保険事業計画に基づく介護職員の必要数について」（2021年7月9日）
（＊8）…　公益財団法人介護労働安定センター「令和4年度『介護労働実態調査』の結果」

技能実習制度を活用した外国人（技能実習生）	在留資格「特定技能1号」を持つ外国人
2017年11月1日	2019年4月1日
国際貢献として、日本から相手国への技術移転	介護の人手不足をカバーするため、一定の専門性と技術を持つ外国人の受入れ
制限なし（技術移転のニーズがある国） ※ 2020年6月現在、14カ国との間で協力覚書を作成	制限なし ※ 2020年6月現在、12カ国との間で協力覚書を作成
1年目：技能実習1号 2～3年目：技能実習2号 4～5年目：技能実習3号	特定技能1号
技能実習1号：最長1年 技能実習2号：最長2年 技能実習3号：最長2年 合計　最長5年 ※介護福祉士の資格取得後は在留資格「介護」へ変更可能 ※ 3年目まで修了すれば「特定技能」に必要な試験を免除	通算5年 ※介護福祉士の資格取得後は在留資格「介護」へ変更可能
入国時はN4 2年目以降、技能実習2号に移行するときはN3程度	国際交流基金日本語基礎テスト または日本語能力試験 N4以上および介護日本語評価試験に合格
訪問系サービス以外	訪問系サービス以外
条件※付きで可能 ※技能実習生以外の介護職員を同時に配置することが求められるほか、業界ガイドラインにおいても技能実習生以外の介護職員と技能実習生の複数人で業務を行う旨を規定。また、夜勤業務などを行うのは2年目以降に限定するなどの努力義務を業界ガイドラインに規定	可能
原則、不可	可能
日本語能力N2以上は就労開始から N2未満は就労6カ月後から	就労開始から
監理団体型：各監理団体による受入れ調整 企業単独型：各企業が独自に調整	登録支援機関

介護職員として外国人を採用する際の受入れ制度

	EPA（経済連携協定）に基づく 外国人介護福祉士候補者、外国人介護福祉士	日本の介護福祉士養成校を卒業し 在留資格「介護」を持つ外国人
制度開始	2008年7月1日	2017年9月1日
制度の目的	2国間の経済連携の強化	専門的・技術的な分野に対する外国人の受入れ
送出国	インドネシア、フィリピン、ベトナム （EPAを締結した国）	制限なし
在留資格名	特定活動	介護福祉士を取得する前：留学 介護福祉士を取得した後：介護
在留期間	●介護福祉士を取得する前は、原則4年 ●介護福祉士を取得した後は、制限なしで更新でき、永続的な就労が可能 ※一定の期間内に資格を取得できない場合は、帰国しなければならない（ただし、一定の条件で「特定技能」に移行可能） ※介護福祉士の資格取得後は在留資格「介護」へ変更可能	介護福祉士の資格を取得した後は、制限なしで更新でき、永続的な就労が可能
入国時の日本語能力	インドネシア　N4以上 フィリピン　N5以上 ベトナム　N3以上	留学の入国時はN2以上または6カ月以上の日本語教育を受けた者（各入学選抜による）
勤務できるサービスの種類	以下、介護保険法に規定されるもののみ掲載 介護保険3施設、認知症グループホーム、特定施設、通所介護、通所リハビリテーション、認知症デイサービス、ショートステイなど ※介護福祉士の資格取得後は、一定条件を満たした事業所の訪問系サービスも可能	制限なし
夜勤の可否	介護福祉士の国家資格取得前：雇用して6カ月経過、もしくは日本語能力試験N1またはN2合格であれば可能 介護福祉士の国家資格取得後：可能	可能
介護職種での転職の可否	介護福祉士の国家資格取得前：原則、不可 介護福祉士の国家資格取得後：可能 （ただし、在留資格変更の許可が必要）	可能
配置基準の算定時期	日本語能力N2以上は就労開始から N2未満は就労6カ月後から	就労開始から
調整機関	国際厚生事業団（JICWELS）	なし（介護事業所が独自に採用する）

埼玉医療福祉会〜外国人材の国家資格取得をバックアップ

埼玉県毛呂山町にある社会福祉法人埼玉医療福祉会は、埼玉医科大学グループの一員として、医療・介護・福祉分野に関わる施設を複数経営しています。２０２２年には創立１３０年を迎え、従業員数約１３００人の大規模な法人です。地元・毛呂山町との関わりも深く、町と連携して住民の健康関連事業に取り組むなど、地域の活性化にも尽力しています。そんな同会が運営している施設では、多くの外国人材が介護の仕事に携わっているそうです。

ここでは、社会福祉法人埼玉医療福祉会法人事務局長の諸田一雄氏と、法人事務局次長の廿楽一男氏に話を聞きました。

「現在、当会に在籍している外国人スタッフは、特定技能14人とＥＰＡ４人、留学生５人、そして在留資格『介護』７人の計30人。ベトナムと中国からそれぞれ受け入れており、皆さん真剣に業務に励んでくれていますね」（諸田氏）

埼玉医療福祉会の特徴は、在籍する外国人職員が「介護福祉士」の国家資格を取得するための〝バックアップ〟に力を入れている点にあります。そのうちの一つが、助成金を受け取りながら「介護福祉士実務者研修」のプログラムを受講できる制度。本来、同会の実務者研修を受けるには受講料がかかりますが、すでに埼玉医療福祉会の職員として働いている人や、専門学校卒業後に同会に就職を希望する人は、その費用を同会が負担してくれるのです。もちろん、日本人の受講生も助成金を受けられますが、金銭面に不安がある外国人材にとっては、とくに助けになる制度といえます。

ほかにも、外国人材の〝生活〟をケアする取り組みを積極的に行っている、と諸田氏。

「介護専門学校に通う留学生は、埼玉県からの補助を受けながら通学していますが、補助金だけで生活費を賄うのは難しい状況です。そこで、私たちが運営する特別養護老人ホームでのアルバイトを留学生にあっせんし、働きながら実践的に学べる機会をつくりました。ただ、介護実習の授業が入るとアルバイトにも行きにくくなるので、当会の基金から奨学金を支給する形で支援を行っています。また、特定技能外国人材の方々には『家賃補助』を提供し、彼らが負担する家賃を1万円ほどに抑えました」

ちなみに、同会には職員寮があり、職員なら誰でも安く入居できますが、外国人スタッフから「寮では友人や恋人を呼べない」という声が上がり、近隣のアパートを手配。それに伴い家賃補助を支給して、福利厚生を拡充することを決めたそうです。働く人々の声を聞き、最適解を提示する——、口で言うのは簡単ですが、実行できる企業・組織は少ないのではないでしょうか。

目先のコストよりも〝10年先〟を見据える

あらゆる面で外国人材の待遇を厚くしている理由について、諸田氏はこう話します。

「働いてくれている職員の給与は、国籍を問わず、同じ金額をお支払いしています。また、日本人の職員にも奨学金やその返済補助などのサポートを提供していますが、家賃補助をはじめ、そのほか受入れにかかるコストを含めると、日本人の職員よりも外国人材を優遇している状況です。しかし、どれだけ手間とコストがかかったとしても、外国人スタッフには〝長く働いてくれる〟というメリットがあります。じつは、日本人の若手介護士の皆さんは、4年ほどすると離職して地元を離れてしまう人が少なくありません。しかし、外国人のスタッフは転職可能な在留資格を持つ人も、長期間の勤務を想定して、当会に入職してくれます。実際、受入れを始めてからこれまで、外国人スタッフの離職は0人。同時期に入った日本人のスタッフよりも長く在籍してくれています」

同会でも、日本人の若手介護士は、数年で仕事に限界を感じて他業種に転職していくため、定着率は低いままだそうです。こうした日本人の人材確保の難しさも、埼玉医療福祉会が外国人材を受け入れた理由の一つでもあります。

一方の外国人スタッフには「自国で介護事業を立ち上げたい」という夢があり、日本でしっかり経験を積むため、長期の在籍を希望する傾向がある、とのこと。

「長く働いてもらえるだけでなく、外国人材を受け入れてから施設内の雰囲気も明るくなりました。日本人スタッフの平均年齢は40代で、外国人スタッフは20代。素直な外国人スタッフが多く、親子ほども年が離れているからか、対立することなく、良好な関係を築いています。現場では、日本人のベテランスタッフが、マンツーマンで外国人スタッフの指導に当たっており、とても熱心に教育してくれていますね。また、外国人スタッフが入居者の皆さんと積極的に会話をしたり、献身的に仕事に取り組んでくれたりしている姿も印象的です。彼らに話を聞くと、大家族で育ったため、幼い頃に体調を崩した祖父母の世話をしていた経験を持つ人がとても多いです。そうした幼少期の原体験が、日本で介護を学ぶきっかけになっているようですね」（同）

真摯に働いてくれる彼らが、快適に働ける環境にするにはどうすべきか。それを追求し、実践しているのが、埼玉医療福祉会なのです。

同会の〝面倒見の良さ〟は、外国人材のコミュニティーでも話題になり、採用募集をかけると他法人からの転職希望者の応募が多いといいます。

「他の法人が募集をかけても、外国人材がなかなか集まらないと聞くので、ありがたいですね。転職希望者の採用試験は面接で行うのですが、その際に重視するのは日本語力。介護職は、日本人の高齢者や障害のある人をケアしなければならず、より高度な日本語のコミュニケーションが求められるのです。また、日本語力が高い外国人材には『日本語の学習に真面目に取り組んできた人が多い』という共通点があり、個人の性格を考慮する際の指標にもなりますね」（同）

外国人スタッフの受入れを担当している廿楽氏は、埼玉医療福祉会が外国人材から支持を集める理由についてこう分析します。

「当会は、昔ながらの〝終身雇用年功序列制度〟を採用しています。毎年定期昇給があり、ほかの法人に比べると昇給の幅も大きい。長く働けば働くほど将来像を描きやすくなるので、お金を稼ぎたい、夢をかなえたいという外国人の方にとっては理想的な環境といえます。現代の日本社会では終身雇用年功序列は好まれない傾向がありますが、外国人の方々にとってはプラスに働いている印象ですね」

約60年前から続くチベットとの絆

外国人材をサポートする仕組みを構築し、万全の受入れ体制を整えている埼玉医療福祉会。外国人材を登用したきっかけは、人手不足と職員の高齢化でしたが、受入れに対する〝抵抗感〟はなかったのでしょうか。

「もともと、当会だけでなく毛呂山町全体に外国人材を迎える土壌ができていたので、反発の声はありませんでしたね。そのルーツともいえる出来事が、1965年の旧毛呂病院時代に故丸木清美理事長が独自に取り組んだ『チベット難民の受入れ』でした。チベットから5人の少年を〝留学生〟として引き取って、病院の職員や丸木理事長が自ら、彼らに医学を教えて生活の支援も行いました。町の人々も彼らを温かく迎えてくれたそうです。そのときの留学生は、当会の施設をはじめ、埼玉県内の病院で医師や看護師として働いていています」（諸田氏）

故丸木氏の英断によってチベットとの交流が生まれ、ダライ・ラマ法王が来日した際には埼玉医科大学を訪問するなど、今でも良好な関係を築いていています。こうした歴史的背景もあり、外国人材の受入れがスムーズに進んだ、と諸田氏は話します。最近では、町内にあるスーパーの棚に、外国人向けの食材も増えているそうです。これは毛呂山町の日常に、外国の人々が溶け込んでいる証しでもあります。

今後も埼玉医療福祉会は外国人材を積極的に採用していく予定とのこと。そして、次の段階では「外国の人々を地域創生につなげる」という大きな夢がある、と廿楽氏は語ります。

「じつは、当会の丸木清之理事長には『外国人材の皆さんがこの町で働き、日本人と結婚して子育てができる環境をつくる』という構想があります。これまで、私たち埼玉医科大学グループは、毛呂山町に雇用や消費を提供して発展してきました。これからは外国人材の方々にも、地域を支える一員として活躍してもらいたいのです。彼らを単なる労働力として扱うのではなく、地域を構成するメンバーとして迎え、共に生きていく。〝共生協働〟を実現するのが、私たちの目標の一つです」

埼玉医科大学グループと毛呂山町が目指すのは、国を超えた〝地域づくり〟。夢の実現に向け、着実に歩みを進めています。

コラム1

日本の人口減少と働き手不足の現実

「2070年に人口8700万人」予測が突き付ける未来の不安

現在、約1億2400万人の人々が生活をしている日本。しかし今後、この数字を維持できなくなる可能性が高まっています。じつは、国立社会保障・人口問題研究所が公表した「日本の将来推計人口」によると、2070年には日本の人口が約8700万人にまで減少する、という予測が出ているのです。

この国の人口減少には、長年私たちを悩ませている少子高齢化の問題が深く関わっています。そのうちの一つ〝少子化〟の要因は、近年の晩産化傾向の強まりや、生涯未婚率の上昇など、家族の在り方の多様化にあります。自らの意思で未婚の道を選んでいるなら、その意思は尊重されるべきですが、非正規雇用で働く就職氷河期世代男性の約5割が「結婚生活を送る経済力がない・仕事が不安定だから」という理由で結婚を〝諦めている〟という調査結果が出ています(*)。

たとえ結婚しても、必ず子どもが生まれるわけではありません。子育てにはさまざまなコストがかかるため、出産・育児に前向きになれない夫婦も多くいます。出産意向があっても子宝に恵まれない夫婦もいるため、コストだけが問題ではありませんが、実際に子育て世代からは「子どもは贅沢品」という声も上がっているのです。こうした状況を受けて、政府は「異次元の少子化対策」を掲げていますが、今すぐに日本の人口減少に歯止めをかけるのは困難な状況にあります。

そして少子化と切り離せないのが、高齢化の問題。前出の「日本の将来推計人口」では、2070年の総人口に占める65歳以上の人々の割合は、38・7%に達すると予測しています。日本人の約4割が高齢者になる時代が来るのです。

高齢化の主な要因は、死亡率の低下による平均寿命の伸長。戦後、日本の人々の生活環境が改善されて栄養豊富な食事が取れるようになったのに加え、医療技術が進歩し、平均寿命が延びたのです。これらは人類の努力のたまものですが、子どもが増え

日本の将来推計人口（国立社会保障・人口問題研究所）

2020年

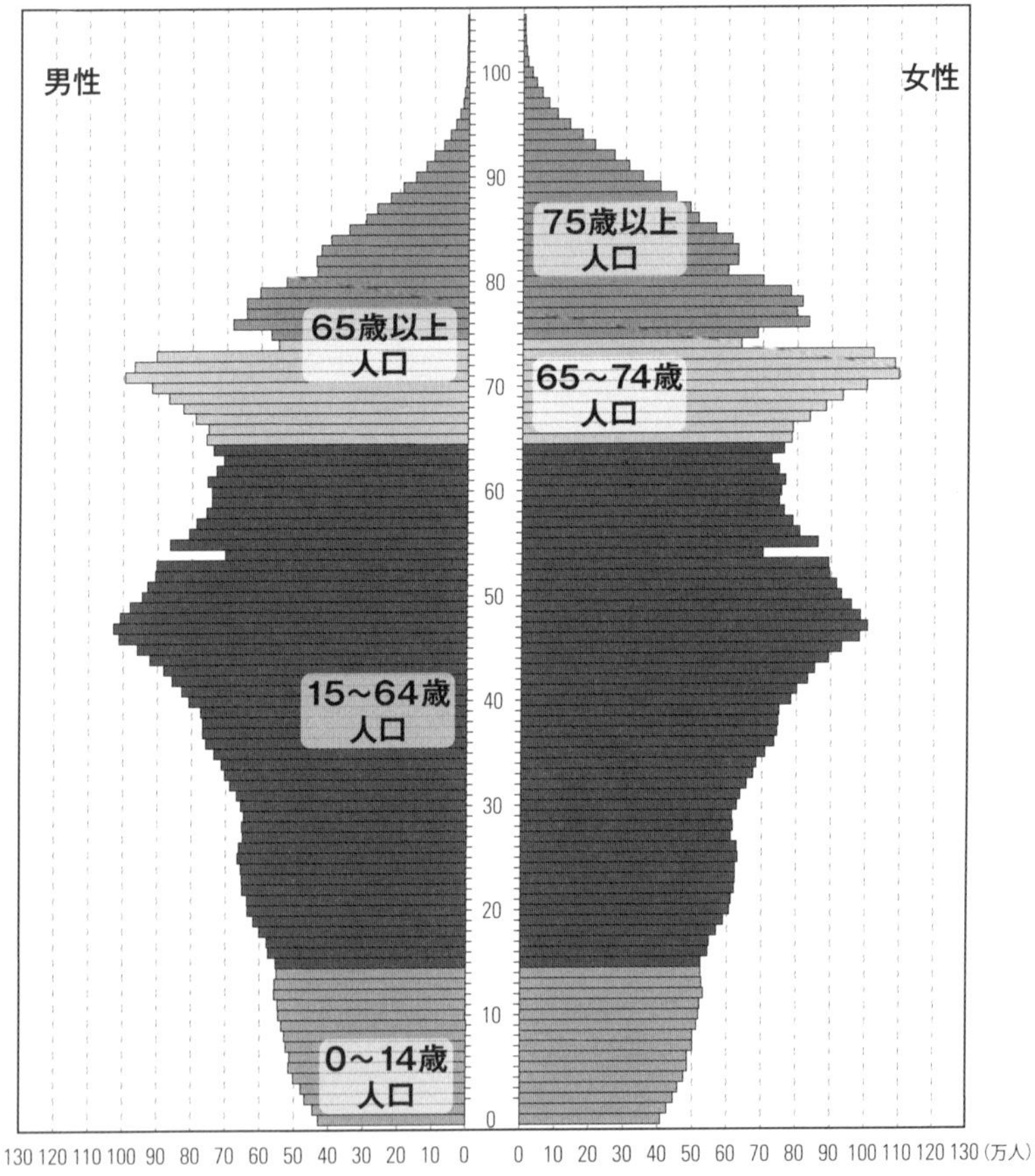

資料：国勢調査および「日本の将来推計人口」各版の基準人口

日本の将来推計人口（国立社会保障・人口問題研究所）

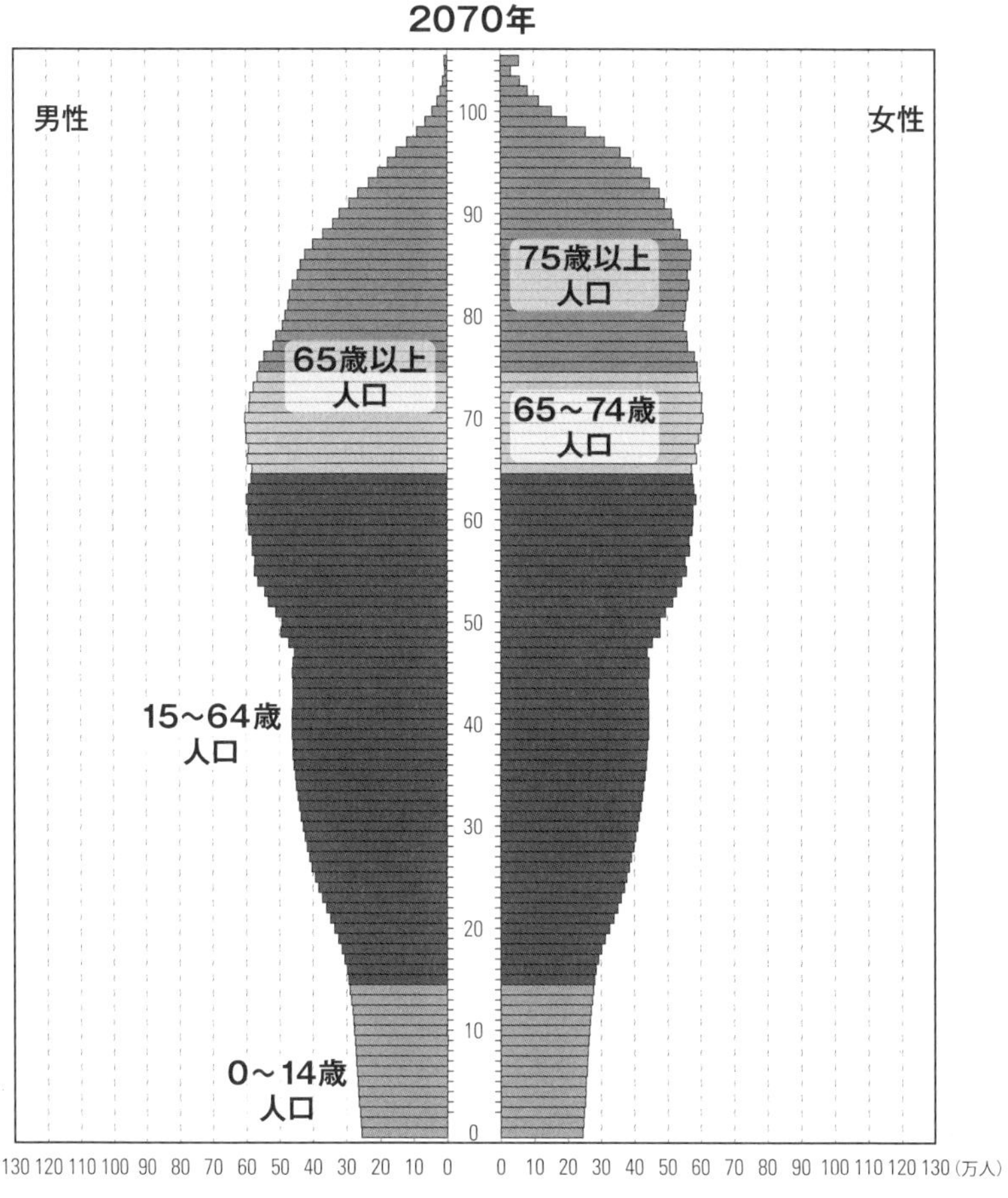

資料：「日本の将来推計人口」（令和5年推計）［出生中位（死亡中位）推計］

ていないため、人口ピラミッドは〝逆三角形〟になってしまいました。多くの先進国で少子高齢化の傾向はあるものの、日本は突出しています。

働き手不足はいつから始まった

そんな超高齢社会の日本では、社会保障制度や年金の問題が山積しています。それらと地続きになっているのが、地方を中心に加速する〝働き手不足〟という難題。少子化によって15～64歳の「生産年齢人口」が減り、経済や社会保障の担い手が激減しているのです。

先述したように、さまざまな業界で働き手不足は深刻化しており、とくに地方では、採用そのものが困難な状況になっています。

では、この国の人手不足はいつから始まったのか――。当然、業界ごとにその時期や傾向は異なるので一概にはいえませんが、私が人材派遣業の立場で長年関わっている製造業界の転機は、２００８年のリーマンショックです。リーマンショック以前は〝自由な働き方〟として派遣は広く浸透していました。当時は、多くの製造事業者が、繁忙期ごとに作業者を増やして製造ラインを動かすため、派遣スタッフで人員を調整していたのです。派遣で働きたい人々も多く、チラシやフリーペーパーに勤務地と時給、簡単な仕事内容を記載して配るだけで、応募が殺到する。そんな時代だったのです。

しかし、リーマンショックの大不況は、日本の製造事業者にも大きな打撃を与えました。苦境に立たされた企業は、派遣労働者との契約を打ち切る、いわゆる〝派遣切り〟を実施。それがきっかけとなり、派遣のイメージが大幅にダウンし、正社員を希望する人が増えました。そんな中、登場したのが「自社で直接採用する有期雇用の非正規社員」という雇用形態です。一般的に契約社員や期間工と呼ばれ、企業と働き手は期間限定で直接契約を結びます。有期雇用から正社員になれるルートもあるため、働き手の選択肢が広がりました。しかし、先述の通り、製造業は繁忙期ごとに必要な人手が変動するため、不景気で受注が少ないタイミングでは、たくさんの契約社員を雇い続けるのは困難です。その結果、製造業界がリーマンショックから立ち直り、人手が必要になった頃には、かつて派遣スタッフとして工場で働いていた人々は、自らの働き方を変えてしまっていました。

新たな人手確保に頭を悩ませているうちに、高齢化によって上の世代は引退。若手を採用しようにも、過酷な３Ｋ職業というイメージが定着しているため、若返りも難しい状況です。社会情勢や働き手の意識変化が絡み合い、現在は、地方の工場で高い時給を提示して派遣の求人を出しても、まったく人が集まらなくなっています。そのため、製造業は他の産業に比べて外国人材を受け入れている企業が多くなっています。今でこそ、さまざまな業界で人手不足が騒がれていますが、製造業界は10年以上も前から、圧倒的な人材不足に陥っているのです。

このまま抜本的な解決が見られず、冒頭の予測通り、人口が８７００万人に減った日本では、少数の大企業が市場を独占し、経済は縮小。アジアの小国となっているでしょう。どの企業も働き手がいないので、国民全員が正社員で働いているかもしれませんが、それは海外企業と戦う競争力を失った日本経済の未来を意味しています。

（＊）…「令和3年度　人生100年時代における結婚・仕事・収入に関する調査」（令和3年度内閣府委託調査）

第2章

外国人材の受入れを成功させる四つの法則と四つの課題

第1章では、外国人材の力を必要としている業界の実情について述べ、彼らを受け入れて順調に成長を遂げている企業に話を聞きました。

外国人材を家族のように迎えている北海道のマジカナファームとJA大樹町、海外進出を視野に入れて外国人材の育成に力を入れる三同建設、そして、手厚いサポートで外国人材のエンゲージメントを高める埼玉医療福祉会……と、業界、業種が異なる各社が、それぞれ工夫をしながらグローバル人材との協働を実現している様子がよく分かりました。

読者の皆さんも、成功事例のインタビューを読んで彼らが外国人材の受入れに成功した理由の一端を垣間見たことでしょう。私自身も、創意工夫にあふれた施策の数々に「その手があったか！」と、何度も膝を打ちました。

そこで本章では各社の取り組みを基に、外国人材を自社の力に変えるために実践すべき〝成功の法則〟をひもといていきます。

成功の法則1　外国人材を大切な家族・仲間として受け入れる

　前章で登場した成功事例の共通点は、受け入れた外国人材に対して日本人の働き手と同様、あるいはそれ以上に「一緒に働く仲間」という意識を強く持っているという点にあります。外国人材一人一人との対話を重視し、日々の会話から彼らが抱いている夢、思いに耳を傾け、困り事や悩みの解決にも真摯に向き合う。これは、外国人材を受け入れる企業には欠かせない姿勢と心構えです。

　そのほかにも、相手の国の文化や考え方、宗教など、彼らが大切にしているアイデンティティーを尊重しながら関わることも重要です。ベトナムやインドネシアなど、出身国によって個人の感じ方や価値観は大きく異なります。よりグローバルな視点を持って彼らのバックボーンを理解し、柔軟に対応する必要があるでしょう。

　例えば、ベトナム出身の外国人材が同国の旧正月「テト」の時期に、自国でお祝いをするために帰国したい、と休暇の申請をしてきたとします。その際、雇用している企業側が、相手の話を聞かずに「日本の正月とは違うので休暇は取れない」などと、通り一遍の返答をするのはNG。彼らにとって、「テト」は家族と過ごす大切な時間なのです。そうした文化的背景を知ろうともせず、日本流を押し付けると、職場に対して息苦しさを感じてしまうでしょう。お互いにとってベストな解決策が見つかるまで、とことん話し合ってください。

前出の三同建設の取材当時、働いているベトナムの人々が「テト」のために帰国している、と話していたのが印象的でした。同社のように、外国人材と協働するには、フレキシブルな対応が求められるのです。

グローバル人材を大切な仲間として迎え、相手を尊重しながら交流を深めていけば、彼らはしっかり仕事で返してくれます。

私自身、以前からコミュニケーションの大切さは理解していましたが、今回、成功事例各社への取材を通して、企業と外国人材にとって相互理解を深めることの重要性が、さらに増しました。

かつてのように外国人材を〝安価な働き手〟などと考えていては、持続可能な経営は見込めません。外国人材と手を取り合うためには、まず、受け入れる企業側から手を差し出さなければならないのです。

成功の法則2　外国人材が安心して就業・生活できる環境を整える

遠い異国の地で、外国人材として働く自分を想像してみてください。言葉も分からず、文化もルールも違う国で仕事をする状況を、考えるだけで不安に駆られた人も多いのではないでしょうか？　日本にやって来たグローバル人材の皆さんも大きな不安を抱えています。前出の成功事例では、そんな彼らの緊張をほぐすために歓迎会を開いたり、休日にスキーやお祭りに連れて行ったりと、外国人材たちのストレス解消に力を入れていました。そのように外国人材が感じている憂いや悩みを払拭するのも、彼らを受け入れた企業の役目であり、成功の秘訣。こまやかな気遣いで、外国人材の〝居場所〟をつくってあげてください。

とくに技能実習生は制度上の決まりで実習先が選べず、入職後の転籍はとても難しいのが現状です。たとえ、職場との相性が悪く、劣悪な住環境で生活を強いられても、基本的に実習先を変えられないのです。その結果、過酷な環境に耐えられず、〝失踪〟してしまう技能実習生もいます。言うまでもありませんが、彼らは失踪がしたくて姿を消しているわけではありません。できることなら、実習期間を良好に満了し、胸を張って自国に帰りたい……日本に来た技能実習生たちは、皆そう思っているはずです。

ちなみに、技能実習生に選択の余地がない制度上の〝縛り〟は、以前から多くの批判を集めていました。そして2023年秋、政府の有識者会議は最終報告書をまとめ、「技能実習制度」を「育成就労制度」へと名称を変更し、新制度の目的もこれまでの国際貢献から外国人材の確保と育成へと変わります。新制度の内容を決めるためにさまざまな議論がなされていますが、どのような内容にせよ外国人材業界全体に大きな影響を与えることは間違いないでしょう。今回の制度の見直しによって、外国人材たちが不利益を被っている状況が、是正されることを期待しています。

一方、特定技能の在留資格を持つ外国人材は、日本人と同じように転職が可能です。彼らは職場の環境や給与の条件に不満があれば自由に職場を変えられるので、劣悪な職場に優秀な人材が定着するはずもありません。そのため、雇用する側は、相応のケアや環境の整備を行う必要があります。

在留資格や国籍に関係なく、外国人材一人一人が安心して働ける環境を整えるのが、受入れ成功の鍵。技能実習生が体調を崩したときはすぐに病院に連れて行き、本人が信仰している宗教など個別に対応が必要な場合は、可能な限り本人の意向に耳を傾けましょう。

成功の法則3　理想の採用ルートを確立する
（信頼できるパートナーとの提携・面接時の見極め）

採用活動は、共に働く仲間を見極める重要な仕事。相手が日本人でも外国人でも、その点は変わりません。ただし外国人材の場合は、在留資格によって採用ルートや手法が異なり、それぞれに成功の法則にも違いがあります。

とくに、特定技能外国人材の採用方法は多種多様。比較的主流になっているのは、技能実習を良好に終えた技能実習生の在留資格を「特定技能1号」に切り替えた後に雇用する方法。技能実習生時代と同じ職場で同じ業務に就くことが可能です。

二つ目は、紹介ベースの採用方法。三同建設のように過去に在籍していた技能実習生からの紹介で人材がやって来る、という流れもあるようです。そのほか、現地の送出機関を介して入社するケースや、フェイスブック、インスタグラムなどのSNSで求人を展開し、応募者を集める手段もあります。

このように特定技能外国人材の採用ルートは多岐にわたるため、企業によってベストな方法も異なるのです。

人を集める方法はさまざまですが、特定技能の場合は面接で採用の合否を決めるのが一般的。日本人の面接と同じように、相手の資質や自社との相性を見抜かなければなりません。埼玉医療福祉会の諸田氏は「本人の日本語力を最も重視する」と語っていました。日本語力の高さは、職場内のコミュニケーションを円滑にするだけでなく、技能実習生時代から真剣に日本語学習に打ち込んでいた、という真面目な性格の表れでもあります。特定技能外国人材の日本語力は、本人の人柄を見る指標にもなるのです。

実際の選考では、本人の日本語能力試験の認定レベルを参考にしたり、面接時の受け答えのスムーズさを考慮したりすると、より良い人材に巡り合えるでしょう。

一方、技能実習生の場合は、技能実習生の採用窓口を担う「監理団体（組合）」選びが最も重要です。監理団体は、現地の送出機関に募集をかけて候補者を選出し、企業の採用をサポートします。いうなれば、優良な監理団体と提携できれば、健全な運営を行っている送出機関から、自社に適した外国人材を紹介してもらえる可能性が高いのです。また監理団体は、採用面以外にも企業側の監査をはじめ、技能実習にまつわるさまざまな事柄に関わる存在。ただし、近年は監理団体の数が急増しているため、見極めが難しくなっています。提携する監理団体は慎重に選んでください。もしも、受け入れた技能実習生が50万円以上の借金を背負っていたり、技能実習生受入れ時の監理団体の対応が不十分と感じたりした場合は注意が必要です。外国人技能実習機構のホームページには「監理団体における違反内容」が公開されているので、悪質な監理団体を見極める際の基準にしましょう。

そのほか「入国後に技能実習生が日本語を学ぶための教育システムが確立している」「技能実習法に対する造詣が深い」などの観点から監理団体を選ぶと、技能実習生の受入れ成功につながります。

成功の法則4　業務に関わる専門知識や日本語を学ぶ仕組みを作る

四つ目は、外国人材の教育に関わる法則です。成功事例では、就業時間以外にも「勉強会」を開き、グローバル人材の技術修得をサポートする仕組みを構築していました。

就業後に座学の機会をつくり、自社が扱う商品の基礎情報や、業界、業務に関する専門知識を教えるなど、手間と時間をかけて教育を行っているのです。とくに技能実習生の場合は、実習先の業界・職種に関しての知識はなく、未経験で入職してきます。そこで、何も知らずに作業に取り組むのと、正しい知識を学びながら実習に臨むのとでは、後者の方が技術の修得スピードははるかに速いでしょう。

また、技能実習生が技能実習期間を更新する際に受験する「技能検定」や「外国人技能実習評価試験」の合格を目指す場合、業務に関する専門知識は必須。彼らが、技能実習生としての本分をまっとうできる仕組みを確立すれば、個人の業務スピードのアップと技術の向上が見込める、まさに一石二鳥の施策なのです。

加えて〝日本語の勉強会〟を開いているのも、成功事例の共通点。勉強会を通して語学力がアップすれば、現場でのコミュニケーションも取りやすくなり、同時に外国人材たちの日本での暮らしも快適になります。技術と語学の両面から外国人材の教育に力を入れ、彼らのエンプロイアビリティを向上させることは、早期の人手不足解消だけでなく、企業の成長にもつながります。人材教育には、決して手を抜かないでください。

受入れ企業が、外国人材本人の「モチベーション」や、自主的に行う「努力」に頼り切ったままで、彼らの日本語力が向上したり、生産性が上がったりするわけがありません。『非正規社員を競争力に変える法』でも、神保は「仕組みのないところに『やりがい』は生まれない」と、強く訴えています（76ページ参照）。前作は、非正規社員を雇用する経営層に向けて書かれた書籍ですが、外国人材を雇う場合も同じ。これからの経営者に求められるのは、日本で働く外国人材の不安や苦痛を取り除き、目標や喜び、そしてやりがいに変える仕組みを構築することなのです。

以上、前章の取材内容から四つの成功の法則を導き出しました。ただ、これらは各社が長い年月をかけてトライ・アンド・エラーを繰り返したからこそ、たどり着けた〝答え〟でもあります。そのため、これから新たに外国人材を受け入れる企業が、一朝一夕で達成できるものばかりではありません。

そこでここからは、外国人材の受入れ成功を阻む〝四つの課題〟についても論じていきます。

課題1　外国人材登用に対するネガティブな声

前章に登場した成功事例では、当初から外国人材と働くことを前向きに捉えて、制度の導入に踏み切りました。いわば、受け入れる前から、彼らを〝大切な仲間〟として迎える体制が整っている状態です。

しかし、全国各地に目を向けると「人手不足は感じるが、可能な限り日本人を雇用したい」という中小企業の経営者・人事担当者の声もまだまだ耳にします。

彼らの不安の裏には、外国人材に対してマイナスイメージを抱いている、もしくは言葉が通じない相手と働けるはずがない、といった本音が隠れています。人事担当者が意を決して外国人材の登用を提案しても、社内から反対の声が上がり、採用を断念したという事例も少なくありません。

たしかに、メディアで報じられる外国人材のニュースといえば、技能実習生の失踪や、犯罪に関するものばかりが目立ちます。しかし私たちは、世間で拡散されているネガティブな報道は、ごく一部を切り取ったものにすぎないことを知っています。なぜなら、実際に日本で働く外国人材たちが、日々真面目に一生懸命仕事に取り組む姿をこの目で見てきたからです。

じつは、かつての私は、外国人材を採用している日本企業に対して、日本人を採用できず「仕方なく」彼らを受け入れていると、思い込んでいた一人です。しかし、実際に外国人材事業に乗り出すと、そこにはまったく正反対の景色が広がっていました。外国人材を採用している企業は、外国の若者たちの勢いを求め、率先して自社に迎えていたのです。

じつは近年、キャムコムグループにも優秀なアジア圏出身の社員が続々と入社してきています。彼らに話を聞くと、自分自身のキャリアビジョンが明確で、家族への愛にあふれており、はっきりとした「働く理由」を持っていました。彼らの声を聞き「まるで、私が若かった頃の高度経済成長期のようだ……」と共感したのを覚えています。流れに任せて大学を出て、なんとなく働いている日本の若者とは、胆力が違うのです。

いまだに、多くの受入れ企業は彼らに対して、上から目線で〝教育をする〟という言葉を使っています。しかし私は、「外国人材に学ぶべきは私たち日本人である」と感じています。

そもそも、問題視されている技能実習生の失踪は、制度内容や企業の待遇などの問題が深く関わっており、彼らだけに責任があるわけではありません。一側面だけを見て拒否反応を示し続けていては、いつまでたっても外国人材を受け入れられないでしょう。何より、外国人材に対するネガティブな反応は、多様な価値観を受け入れる〝新しい時代〟にはそぐわない考え方でもあります。

また、現在は日本人だけで経営が成り立っている企業も、今後さらに労働力人口が減少すれば、立ち行かなくなるリスクが非常に高い。そして、人手不足が深刻化したタイミングで外国人材を受け入れるのは、悪手というほかありません。ただでさえ働き手が足りない状況なのに、何のノウハウもないまま彼らと働くのは至難の業。外国人材たちはもちろん、現場で働く日本人社員にも大きな負担がかかり、不幸な結果を招いてしまうでしょう。

なるべく早い段階で余裕があるうちに外国人材を採用し、知見を蓄積しながら受入れ人数を増やしていくのが理想です。もしも、社内での反対が受入れを阻んでいるのなら、まずは外国人材に関する相談ができるパートナーやサービスを社外で見つけ出し、反対勢力を説得するための〝武器〟として利用しましょう。

課題2　受入れ時に発生する〝見えない工数〟

日本人を採用した企業は、まず業務に関する教育を行いますが、外国人材を受け入れた場合は、仕事を教えるよりも先に〝日本での生活〟の基盤をつくる必要があります。「成功の法則2」で紹介したようなメンタル面のケアはもちろん、そのほかにも家具・家電の準備や生活圏にあるスーパーやドラッグストア、郵便局の場所を教える、銀行口座の開設手続き等々、受入れ担当者がやらなければならない仕事は山積みです。

その中でも外国人材が住む〝住居の手配〟は、最もハードな仕事になります。社員寮がない場合は、企業が借り上げたマンションやアパートに住んでもらうのが一般的ですが、外国人の入居が可能な物件は少数派。加えて、職場との距離や、外国人技能実習機構が定めた居室ルール（*1）を考慮しながら物件を探さなければなりません。地域によっては、近隣住民の説得が必要なエリアもあるでしょう。前章のマジカナファームでは、牧場の近くに新築の社宅を併設し、埼玉医療福祉会は、技能実習生からの希望を受けて家賃補助を支給。三同建設は、本人たちのコミュニティーを介して〝外国人が入居可能な物件〟を探してもらう手法で、住居を確保しています。長年、外国人材を受け入れてきた3社でも、住居の確保には苦心した、と話していました。ただし、大変だからと住居の住み心地をおろそかにすると、働いてくれる外国人材のエンゲージメントが下がってしまうため、手を抜くのはご法度。逆にいえば、住みやすく、快適な住まいを提供できれば、外国人材の定着につながるので力を入れる必要があるのです。

成功事例の担当者は通常業務をこなしながら、こうした外国人材のケアも両立しています。しかし企業によっては、就業規則があるために十分なサポートが行えないケースがあるのも事実。これらの外国人材にまつわる〝見えない工数〟への対応は、外国人材を受け入れる際に大きな障壁となります。

（＊1）…外国人技能実習機構が定めたルールは以下の三つ。「技能実習生が生活する住居の部屋の広さは原則1部屋につき2名以下」「1人あたりの寝室床面積は4・5平方メートル以上」「LDKなど共用部分は生活動線から区切られている場合に限り、寝室としての利用が可能」

課題3　適正な外国人採用ルートを確立する難しさ

この課題は「成功の法則3」と深く関わっています。外国人材の採用そのものは、必要書類をそろえて手続きを行えば可能です。しかし、技能実習生の採用に関しては、以前からさまざまな問題が指摘されています。技能実習生が日本にやって来る過程で現地のブローカーが絡み、技能実習生自らが送出機関への紹介料を負担しているケースがあるのです。

技能実習生の採用問題解決に対して日本の企業ができることは、優良な監理団体と提携する、もしくは技能実習生に金銭的負担がかからない方法での受入れを目指しかありません。

特定技能外国人材の採用は、先述の通り、在留資格の移行や人からの紹介、ＳＮＳを介して行われるのが主流なので、日本の転職市場のように「求人サイト」を利用する文化が根付いていません。つまり、外国人材は仕事に関する情報を事前に得る手段がほとんどないのです。そのため、働き始めてからトラブルになったり、早期の離職・転職につながったりと、現場では混乱が続いています。

外国人材も日本人の求職者と同程度の情報が得られれば、入社後に発生するミスマッチの防止につながる可能性が高いです。最近では、特定技能外国人材向けの求人サイトが少しずつオープンしており、改善の兆しが見えつつあります。今後、求職者と企業双方に求人サイトの利用が広く浸透すれば、業界の適正化が進むはずです。

課題4　効率化しにくい外国人材の教育

人材の教育は、得てして時間がかかるものですが、日本に来たばかりの技能実習生が仕事をこなせるようになるには、半年以上の時間がかかると考えてください。とくに、日本の職場では当たり前になっている〝人が仕事を教える〟というアナログな教育方法では、言語の壁があるので、技術修得に倍以上の時間がかかります。

ただ、覚悟はしていても、少しでも教育の期間を縮めたいのが企業側の本音。そこで先述の「成功の法則4」を踏襲して業務時間外に勉強会を開き、学ぶ仕組みを作るのも一つの解決策です。ただし、教育のシステムを確立するまでにも時間と手間を要するため「自分の会社では不可能だ」と肩を落とした読者の方もいるはず。実際、教育の仕組みを構築するのは、非常に骨が折れる作業です。

そこで一つのソリューションとして提案したいのが、デジタルツールの活用です。例えば、作業内容を記録した動画コンテンツを教育に利用すれば、入職前の研修期間中から、作業内容を共有することができます。もちろん、現場での実作業と勝手が違う部分もありますが、事前に予習をしておくだけでも、技術の修得スピード向上につながるはずです。また、アプリなどのツールを介して職場の人々とコミュニケーションを行えば、一人一人と交流が深まります。対話や時間を共にするうちに彼らの魅力が伝われば、企業における外国人材のエンプロイアビリティもおのずとアップするでしょう。

こうしたデジタルツールの活用は、人材教育や業務の効率化を実現するだけでなく、アナログでは不十分な領域をデジタルで補う解決策も提示してくれます。例えば、最新テクノロジーを用いた介護テックが注目を集めている介護業界。介護者が体に装着すると腰や腕への負担が軽減される「マッスルスーツ」などが代表的な例でしょう。そのほかにも、認知症の高齢者を見守るシステムや排せつを予測するＩｏＴデバイスなど、現場で働く人々を支えるアイテムが、続々と登場しています。にもかかわらず「8割超の介護事業者は介護ロボットを導入していない」という調査結果（＊2）を見て、私はがくぜんとしました。「介護職員がツールを使いこなせないかもしれない」「全てをテクノロジーで効率化してしまうと〝日本のホスピタリティ〟が失われてしまう」といった前時代的な発想が先行し、導入を妨げているというのです。

前職のエレクトロニクスメーカーで、システム開発やプロジェクトマネジメントに携わってきた私にとって、それは企業の成長や社会の発展を阻む、危険な発想というほかありません。

人とデジタル、それぞれが得意な分野を担って共存していく、これこそが近年注目されているDXの本質。テクノロジーは、実際に触って、使ってみなければ「デジタルで賄える仕事」と「絶対に人間が行わなければならない仕事」は見えてこないのです。旧来の人間のホスピタリティに依存したままでは、働く人々の疲弊は蓄積し、現代の日本人が感じている行き詰まりが解消されるはずもありません。これは、介護現場に限らず、全ての企業に共通している課題です。

幸いにも、デジタルツールの進化は日進月歩。今日できなかったことも明日にはできるようになっている可能性も高いので、最新技術にもアンテナを張りましょう。

そしてまずは、私たち人間が「人材教育は人の手で行わなければならない」や「日本人らしいホスピタリティが最も重要」といった、固定観念を取り払うことが外国人材の受入れ成功への第一歩です。

外国人材を採用するに当たり、乗り越えなければならない四つの壁。今現在、採用や育成に長い時間をかけられる余力がある企業ならば、試行錯誤を繰り返して課題に対する最適解を導き出すこともできるでしょう。しかし、すでに人手不足が深刻化している中小企業には、もはや猶予は残されていません。

これから初めて外国人材を採用する、あるいは過去に採用したものの、うまくいかなかった……という企業が短期間で成果を出すには、何をおいてもこれら四つの課題解消に取り組む必要があるのです。

（＊2）…　公益財団法人介護労働安定センター「令和3年度介護労働実態調査」

コラム2

外国人材の賃金事情と採用後の日本語教育

外国人材受入れにかかるコストは?

共に働く社員を選ぶために行う採用活動は、企業にとって重要な〝業務〟です。ある調査(*1)では、2019年度に、企業が新卒社員を1人採用するのにかかった費用は、平均93・6万円。中途採用は1人当たり平均103・3万円の費用が発生したとあり、コスト面から考えても「採用した人にはなるべく長く働いてほしい」というのが、経営者の本音でしょう。

外国人材の採用にも、当然ながらさまざまなコストが発生します。例えば、海外から特定技能外国人材を新たに雇用する場合、人材紹介会社に支払う紹介料や渡航費、住まいの準備などの手続きで1人当たり86・1万~189万円の出費を伴います。日本にいる特定技能外国人材を採用するとしても、1人につき67万~161万円は必要です（＊2）。当然ながら、外国人材の在留資格によって金額は変動するので一概にはいえませんが、日本人を採用するよりもお金がかかるケースがあるのです。

そして、採用後には毎月給与を支払います。実際に外国人材を受け入れた企業が、彼らの賃金を決める際に参考にするのが〝最低賃金〟。最低賃金には、その地域で生活できる金額を考慮した「地域別最低賃金」と、産業ごとに定められた「特定最低賃金」の2種類があります。後者は、電子製品製造業や鉄鋼業など、専門知識と技術を要する産業が対象となり、地域別最低賃金よりも高い賃金設定になっているのが特徴です。

ただし、全ての外国人労働者の給与が最低賃金で決まるわけではなく、個人のスキルや学歴も金額に影響します。厚生労働省の「令和5年賃金構造基本統計調査」によると、日本で働く外国人労働者全体の月の平均賃金は23万2600円でした。そのうち、大学・大学院を卒業して日本の会社に就業する「専門的・技術的分野」の在留資格を持つ人々の月平均賃金は29万6700円。一方、技術を学びに日本に来る技能実習

技能実習生に対する賃金の支払い状況（出入国在留管理庁）

○大部分の業種において技能実習の段階が上がるにつれて支給賃金は高くなっている。
○技能実習の段階ごとに見ると、最も高いものは第1号ではその他（19万945円）、第2号および第3号ではいずれも建設業（第2号:19万7413円、第3号：24万201円）となっている。

月平均支給額（令和3年度・段階別・業種別）　単位：円

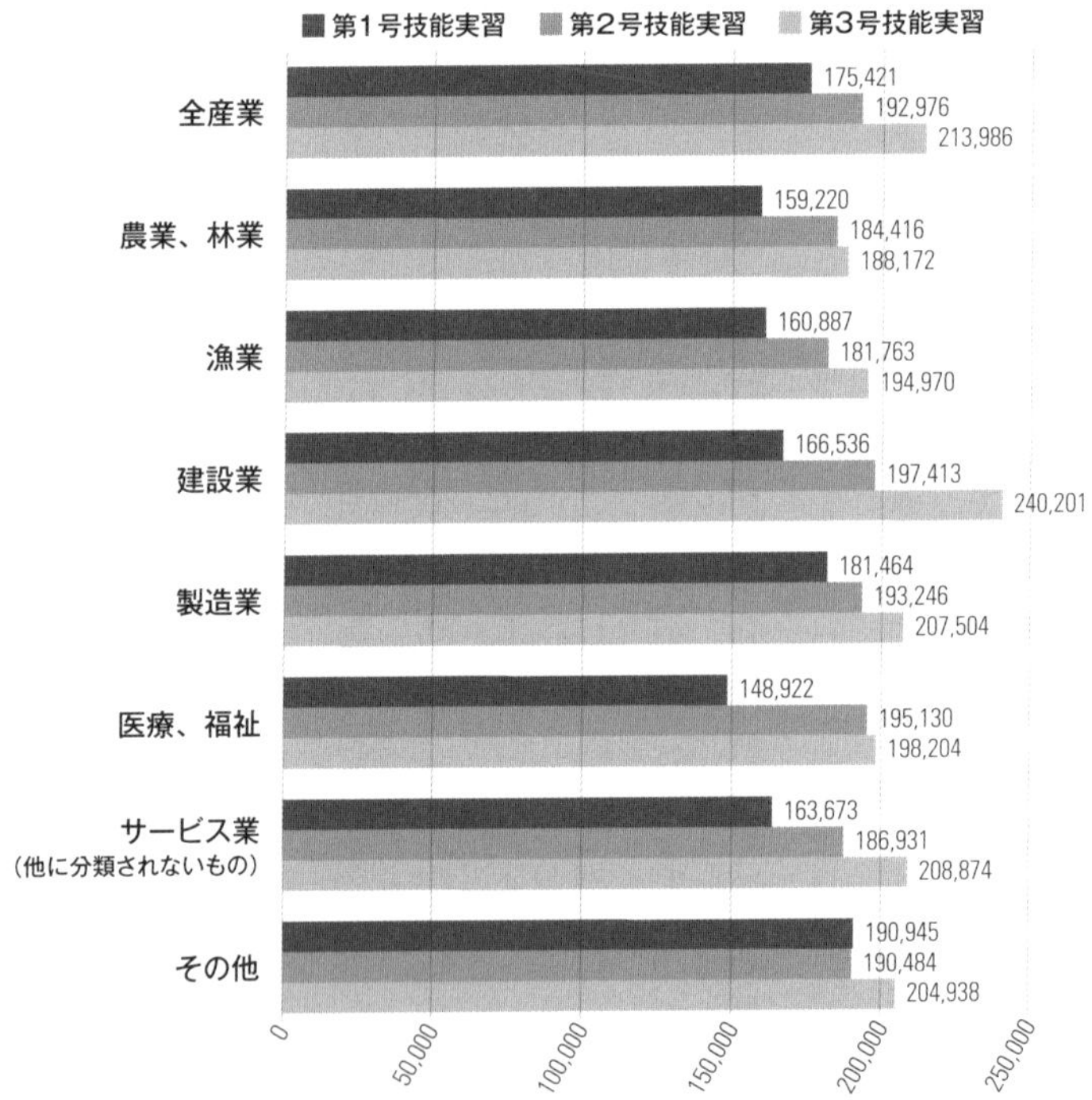

（出典）外国人技能実習機構「令和3年度における技能実習の状況について」

特定技能外国人に対する賃金の支払い状況（出入国在留管理庁）

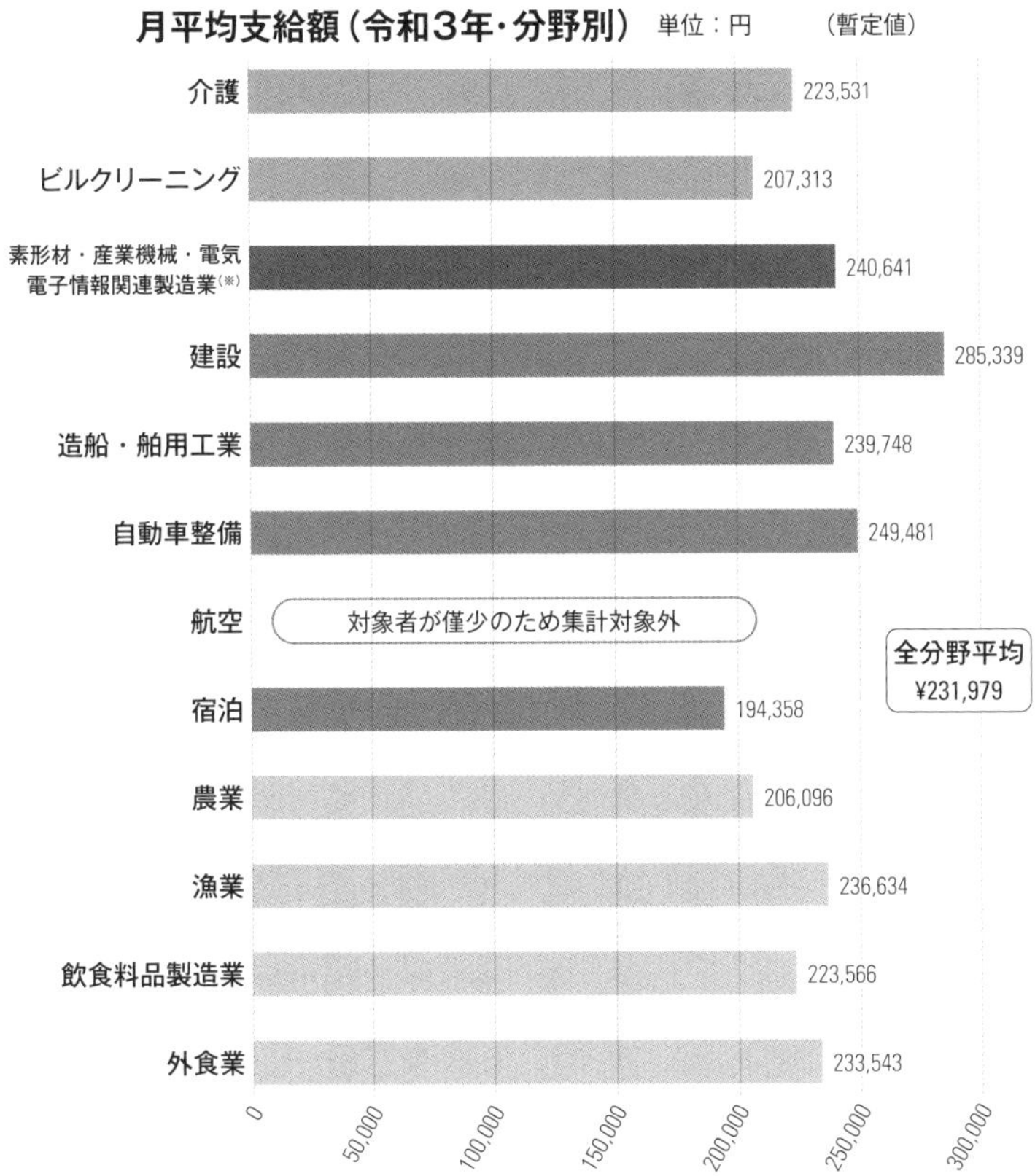

（※）「素形材・産業機械・電気電子情報関連製造業」の月平均支給額は、旧分野「素形材産業」「産業機械製造業」および「電気・電子情報関連産業」の3分野を一括して集計したもの

（注）令和3年を通じて在留した特定技能外国人に関する定期的な届出の内容に基づいて、1カ月当たりの平均支給賃金額（総額）を算出したもの（11,331人分の届出内容から算出）。なお、対象者が10人以下の分野（航空分野）については集計対象外とした

生の場合、年齢も若く学歴は高卒程度というスペックで、月の平均賃金は18万1700円でした。個人の資質が給与額に関わる点は、日本人と同じ条件といえるでしょう。

日本で働く人々には「労働基準関係法令」が適用されるので、企業は国籍を問わず、日本人と〝同等以上の賃金〟を支払うことが法律で定められています。しかし、同じ仕事をしている日本人と比べて、外国人材の賃金は全般的に10％ほど低いという研究結果（＊3）もあり、本当の意味で「日本人と同等以上の報酬が支払われている」とは言い難い状況です。

とくに法令違反で行政指導を受けるほど悪質なケースは、技能実習生を受け入れた企業に多く、社会問題にもなりました。数年前にメディアでも大きく取り上げられたことで、最低賃金以下で技能実習生を受け入れる企業は減少し、体質改善に向かっています。

言語の壁は「急がば回れ」で乗り越える

もしかすると、受入れ企業には「日本語が話せず、技術もない技能実習生にあまり高い賃金は払いたくない」という気持ちがあるのかもしれません。しかし、技能実習生の語学学習に関していえば、彼らを迎えた企業が勉強のサポートを行うのが基本です。

日本語教育に取り組んでいる企業は、指導や研修の時間を社内で設けて技能実習生の勉強を手伝ったり、外部から講師を呼んだり、本人たちに日本語学校に通ってもらったりなどの方法で、技能実習生の学びを支えています。技能実習生を日本語学校に通わせる場合は、企業が学費の一部を支援すると、彼らの負担も軽減できるでしょう。

技能実習生の日本語力が上がれば、実務を覚えるスピードも速くなり、コミュニケーションを取りながら働く環境を整えていける。「急がば回れ」ではありませんが、技能実習生たちの早期スキルアップを望むなら、日本語学習のサポートは避けられない道といえます。

このように、本来は外国人材の語学力は受け入れた国や企業、地域が育んでいくものなのです。私個人としては、日本人は外国の人々に対して〝日本語が通じること〟を求め過ぎているために外国人材の採用が遅れていると、強く感じます。例えば、関東甲信越地方にある村で外国人材が社宅として住める住居を探していた当社のスタッフは「オーナーの意向で、日本人並みに日本語が話せる外国人でなければ入居できない」と、断られるケースが非常に多いと嘆いていました。企業が外国人材を受け入れようにも、日本語力が低ければ住む場所が見つからない。日本社会全体で見ると、まだまだ外国人材に対して寛容になれていない状況なのです。

これからの日本が、外国の人々を共に働くパートナーとするなら、これまで以上に賃金の条件や、彼らの日本語力向上のサポートに力を入れる必要があるでしょう。

(＊1)…就職みらい研究所「就職白書2020」

(＊2)…「外国人の雇用にかかる費用はどれくらい？　採用コストを抑える方法も紹介」(海外人材TIMESより)

(＊3)…永吉希久子「外国人労働者と日本人労働者の賃金格差――賃金構造基本統計調査の分析から」(「日本労働研究雑誌2022年7月号」特集：日本的雇用慣行の中の外国人労働者)

第3章
外国人採用のDXを加速させたキャムコムグループのシステム

不透明かつアナログな外国人材業界の採用スキーム

第1章から読み進めてくれた方には、外国人材の登用には技能実習や特定技能など、さまざまな種類があることが伝わったのではないでしょうか。

しかし、そんな彼らがどのようなルートをたどって日本に来ているのか、と問われると、その道のりを正確に答えられる企業の採用担当者は少ないかもしれません。

例えば、製造業や農業などの分野で活躍している技能実習生たち。第2章でも触れましたが、彼らの多くは「団体監理型」と呼ばれる採用ルートを経て、日本にやって来ます。団体監理型とは、現地の送出機関から推薦された外国人材を、日本の事業協同組合や商工会などの「監理団体」が受け入れるルートです。技能実習生たちは、入国後に監理団体の講習を受けた後、受入れ企業での勤務がスタートします。口で説明するのは簡単ですが、実際には、制度やローカルルールが国ごとに異なり、現地のブローカーなどの第三者が仲介するという、非常に分かりにくい経路をたどっています。

また、外国人材が受入れ企業にたどり着くまでは、全て人の手を介さなければならず、非常にアナログな業界でもあるのです。

このように、彼らは複雑な手続きを経て日本にやって来ますが、一方の受入れ企業側は必要な書類をそろえて、提携する監理団体に「監理費」を支払えば外国人材を採用できるため、一連の流れを知る機会はほとんどありません。また、この監理費は1人当たり月1万円のところもあれば、多いと月7万円を支払うケースもあるなど、関係する監理団体によって値段はまちまち。定価が決まっていないため、受入れ企業は自社が払っている監理費が高いのか安いのか判断できていないケースも多くあります。

外国人材事業に乗り出した当初、こうした業界全体に漂う〝不透明さ〟に、強い違和感を抱いたのを覚えています。

多角的な視点で〝業界の常識を疑う〟

とくに疑問を抱いたのは、監理団体の存在。もちろん、制度上監理団体を経由しなければ外国人材を受け入れられないのは理解していますし、第2章ではビジネスパートナーとして見極める重要性を説きました。しかし、私が理系出身だからなのか、企業が外国人材を受け入れるまでの流れは、ひどく回りくどく思えてならないのです。そこで私は、一度視点を変えて、効率的に外国人材を受け入れる方法について考えてみました。

もしも監理団体がなければ、月々支払う監理費が不要になり、大幅なコストカットにつながるなど、さまざまなメリットが得られるのでは、と。たとえそれが不可能でも〝監理費の適正価格〟が決まれば、損をする企業は減るはず。そう思い至ったのです。

また、現地のブローカーの介入を防げない状況にも強い憤りを感じています。とくにベトナム出身の外国人材は、ブローカーに多額の謝礼を支払って、送出機関に紹介してもらうのが規定ルートになってしまっている。当然ですが、ブローカーの紹介は法律上必要な工程ではありませんし、そもそもブローカーを経由せずに送出機関に直接申し込みができれば、彼らの負担は大幅に軽減されます。ただ、詳細は後述しますが、国の慣習によってブローカーが重要な役割を担っているなど、完全にスルーできない現地の事情もあり、なかなか一筋縄ではいきません。

公平さに欠ける監理費の金額や、ブローカーが横行する現地の状況。これらは、グローバル人材業界が長い時間をかけて醸成してしまった、深刻な問題といえるのではないでしょうか。

当社はあくまで人材会社の中の一つにすぎないので、国の慣習はもちろん、各国の制度そのものを変えることはできません。とはいえ、現在のように人材採用の流れが不透明な上に関わる人や機関によって、外国人材本人や受入れ企業が支払う金額が大きく変動する状況は、果たして健全といえるのでしょうか。

関係者の中には、人やお金の流れをブラックボックス化することで、得をする人もいるでしょう。外国人材業界に絡む人間の思惑が、業界の浄化を拒んでいる可能性もあるのです。制度だけでなく、業界に携わる人々の〝モラル〟の問題でもあります。

外国人材の定着率を左右する重要な情報

本章の冒頭で、大多数の受入れ企業は外国人材の採用の流れを知らない、という事実をお伝えしました。じつは、当事者であるはずの外国人材もまた、自分が働く職場に関して、ほとんど何も知らないまま日本にやって来ます。入国前の彼らに与えられる情報は、企業名と大まかな仕事内容、勤務地、勤務時間など。そのため、日本入国前の研修を終えた彼らは、勤務地に到着するまで、職場の環境や住まいの環境も知りません。その不安は、察するに余りあるものでしょう。

もしもあなたが、転職活動中にそんな求人票を見たら「応募しよう」と思うでしょうか。

皆さんが使っている日本人向けの求人サイトには、職場の写真や先輩社員へのインタビュー、福利厚生など、さまざまな情報が掲載されているのに、なぜか外国人材の求人情報は非常に薄い。縁もゆかりもない異国に働きに来る彼らに対して、不誠実な状況になっているのです。

じつは、彼らが事前に多くの情報を得ているか否かは、就労後の定着率を大きく左右します。つまり、職場の情報が少ないほど、働き始めてからの〝ミスマッチ〟が生じやすく、離職のリスクが高まってしまうのです。職場のミスマッチは、特定技能外国人材であれば転職も可能ですが、現行の制度では転籍が難しい技能実習生の場合は〝失踪〟という形になってしまうこともあります。たとえ失踪しても、自国で多額の借金を背負っているため国にも帰れず、お金を工面するために犯罪に手を染めることも……。求人票の情報不足が、彼らを追い詰める要因の一つにもなっているのです。

制度や人を変えるのは時間を要しますが、私たちがビジネスを通して業界の課題解決に取り組むことは可能なはず。私は、その一心で今日まで事業に取り組んできました。

多くの人が見て見ぬふりをしている事柄に目を向けて、誰もやりたがらないことを率先して行う。これは、外国人材事業に乗り出したときに、私が掲げた命題でもあります。本章では業界が抱えている課題の解決に挑む、キャムコムグループのサービスや、取り組みについて紹介します。

インドネシア政府とスタートした「パイロットプロジェクト」

現在、私たちは人材の流れが〝ブラックボックス化〟している状況を変えるため、人材サービス企業の立場から、送出国に直接アプローチをしています。

その取り組みの一つが、当社が携わる監理団体のＪＯＥ協同組合とインドネシア政府が提携して進めている技能実習生支援プロジェクトである「パイロットプロジェクト」です。ベトナムと同様、インドネシアの若者たちも、ブローカーや送出機関に高額な教育費用や手数料を払い、借金を背負って日本に渡ってきます。そこで同プロジェクトでは、インドネシア政府が技能実習生1人当たりに7万5０００円の補助金を出し、ＪＯＥ協同組合は返済義務がない奨学金10万円の給付を実施。そして、私たちキャムコムグループは入国後の日本語教育や、研修施設での技術指導、生活支援を実施するという計画です。教育面では、オンラインでの日本語教育プログラムや、当社が運営している研修施設「キャムテック エデュック アカデミー」を活用し、彼らの就業をサポートしています。このエデュック アカデミーでは、日本で生活するために必要な知識を伝えるだけでなく、当社が最も重視している〝エンプロイアビリティ〟のスキルを身に付ける授業も行っているのが特徴です。周囲の日本人や共に働く外国人材たちとの「つながり」を意識するためのトレーニングも行っています。

インドネシアでも技能実習生が抱える問題の解決策を模索しているため、大きな関心を集めている事業でもあります。現地メディアは、インドネシア政府が日本の研修施設を訪れる様子を報じ、視察を終えたイダ・ファウジヤ労働大臣（2023年当時）からは「今回のプロジェクトは、インドネシアにとってより良い未来をもたらすものになるはず」という言葉も頂きました。

じつは、このプロジェクトをけん引しているJOE協同組合代表理事の北沢智子は、もともと当社の営業マネジャーでした。しかし、2017年に「ガイアの夜明け」（テレビ東京系列）で放送された〝外国人技能実習生のブラック労務問題〟の特集を見た彼女は、強い憤りを感じて、すぐにベトナムへの渡航を決意。キャムコムグループ代表の神保紀秀の元に直談判に来たそうです。神保は彼女の熱意に芯を感じてベトナム行きを快諾。日本を飛び立った北沢が現地で目にしたのは、悪質な送出機関による日本企業への過度な接待と、一部の監理団体と送出機関の蜜月関係。そして、日本に来るために多額の借金を背負ってしまった技能実習生たちの苦悩でした。

その後、神保は帰国した彼女から現地の惨状とともに「監理団体の立ち上げ」の構想を聞き、最大限の支援を約束したのです。

団体の立ち上げは、国の認可が必要な事業なので、設立までには約2年の期間を要しました。その間に、私たちは現在キャムコムグループが提供している外国人材サービスの骨子を作り上げたのです。

とくに北沢が中心となって進めているインドネシアパイロットプロジェクトは、日本の外国人材業界の常識が覆るのでは、と私自身も期待を寄せています。

そのほか、ベトナムでも現地のハノイ工業大学直轄の送出機関ＬＥＴＣＯと当社が提携し、新たな取り組みをスタート。同大の学生を日本の企業に〝インターン生〟として1年間受け入れる仕組みを作りました。これは、日本でインターン生としての技能実習が終了すると同時に、大学の単位も取得できる制度です。インターン終了後、帰国して大学を卒業した彼らにとって、日本での経験は現地で就職する際の武器になるだけでなく、在留資格の一つである〝技人国（技術・人文知識・国際業務）(*)〟のエンジニアとしていずれ日本に戻ってきてくれる未来も考えられます。

このシステムがモデルケースとなり、教育機関と技能実習制度がひも付けば、外国人材が背負う借金のリスクや、その後の失踪リスク、そして、受入れ企業のコンプライアンスリスクも下がる。これはつまり、採用の流れを〝スタート地点〟からガラス張りにして、現状を覆すソリューションなのです。もちろんそのためには、私たち日本の企業が、インターン中の彼らをしっかり支えて「また日本で働きたい」と思えるようなサポートをしなければなりません。

そのほか、実際に日本に来るグローバル人材に、より多くの情報を届けるコンテンツの作成も行っています。そのうちの一つが、外国人材を採用・募集している日本企業の情報を載せるウェブサイト「mintoku work（みんとくワーク）」の運営です。同サイトでは、職場の画像や動画、現在その会社で働いている外国人材へのインタビューを掲載するなど、日本人向けの求人サイトと同様の情報を提供しています。さらに、日本で働く外国人材専用の交流プラットフォームも展開し、情報共有の場もつくりました。もともと外国人材は、同じ出身国の人同士がつながる、強固なコミュニティーを持っていますが、インターネット上にプラットフォームがあれば、さらに広い範囲にわたるコミュニケーションが可能になります。

じつは、外国人材に向けた仕事関連のメディアは私たちがローンチするまで、日本にあまり存在していませんでした。仕事に関する情報の偏りが彼らに不利益をもたらしているなら、改善しなければならない。そう考えてメディアの運営をスタートしたのです。

加えて「外国人生活支援サービス」も展開しています。前章で外国人材の受入れには、さまざまな〝見えない工数〟が存在し、それらは企業にとって大きな負担になるとお伝えしました。同サービスは、住居の確保やインターネット環境の整備、生活備品、契約関連の代行も当社の担当者が行うため、受入れ時の負担が大幅に軽減されます。「24時間対応コンシェルプラン」を利用すると、急病や外国人材同士のトラブル対応も可能です。受入れ側の負担が減り、外国人材一人一人のケアを私たちに一任できるので、初めて外国人材を迎える企業の方々にご好評いただいています。

国籍に関係なく、誰しも新天地で仕事を始めるのは不安なものです。まずは外国人材が安心して日本で働ける環境を整えなければ、今後日本はさらに〝選ばれない国〟になっていくと、私は考えます。

（＊）…　在留資格の一種。出身国、あるいは日本の短期大学・大学・大学院を卒業し、日本で個人の専攻分野を生かした仕事に就く場合に必要となる。学歴と職務内容が関連している、日本人と同等以上の報酬を得るなどの要件がある

雇用を可視化してリスクを回避する

国内企業に向けては、自社サービスを通して〝外国人材雇用の見える化〟に取り組んでいます。先述の通り、外国人材採用の流れはアナログで不透明。その体質を覆す

キーワードこそが、DX導入による可視化なのです。

例えば、当社の「CAMCAT外国人雇用管理サービスGlobal Management Service（以下、GMS）」というサービスでは、監理団体や登録支援機関と受入れ企業をクラウドでつなぐシステムを提供しています。働いている外国人材一人一人の在留資格などの書類やデータをはじめ、勤怠情報も全てクラウド上にアップするシステムです。私たちが第三者の視点で情報の管理を行うので、必然的に採用や雇用の状況がガラス張りになります。それが抑止力となれば、監理費のばらつきがなくなり、近年問題になっている外国人材に対する過度な残業や、過酷な業務の強要を防ぐ防波堤として機能するはずです。

加えて、外国人材の業務サポートのDX化も進めています。代表的なものは、業務の工程を動画で撮影し、その動画に外国人材の母国語による字幕と音声を付ける「前トレ動画サービス」です。文章の翻訳はAI（人工知能）が行うのですが、英語やタイ語など多様な言語に対応しています。スマホに動画を保存すれば、実務が始まってからも復習に使用できます。また、実務だけでなく、身だしなみや会社のルールなどの社会常識を母国語で伝える動画もあり、生活面のサポートも万全。言語の障壁をなくしているので、企業側がネックに感じている〝教育〟も、スムーズに進むでしょう。研修施設では、VR（バーチャルリアリティー）ゴーグルを使ったトレーニングも行っています。実習よりも前から、バーチャル世界で作業の予習が可能です。そのほかにも、コンビニでの買い物方法などをクイズ形式で学べるVRソフトも用意しているので、日常生活に必要な知識を学ぶことができます。このように、キャムコムグループでは、今後も教育分野でのデジタルツールの活用を進めていく予定です。

そして、グローバル人材の採用に対して日本企業が抱く不安を払拭するのも、採用率をアップさせる重要なポイントです。その施策の一つとして「海外人材TIMES」というウェブメディアを立ち上げました。そこには、在留資格の種類や手続きの基本などの解説をはじめ、外国人採用時の注意点もコラム形式で掲載しています。まずは、誰もがアクセスできるウェブサイトで、外国人材の受入れに対するネガティブなイメージを覆すのが目的です。

このように、DX化はただ業務の効率化を実現するだけでなく、業界の課題を解決する糸口といっても過言ではありません。サービスの運用が始まって以来、お客さまからのポジティブな声を耳にするたびに、ＤＸには業界を変える力があることを実感します。

ＤＸ化がもたらす外国人材業界の適正化

こうして私たちがビジネスを通じて進めている「外国人材業界のＤＸ化」が浸透すれば、さまざまなメリットが得られます。

一つ目のメリットは、人材採用にかかる「コストの適正化」です。クラウドの導入によって、外国人材採用の流れが効率化・可視化されると採用に関わる人数や工数が減ります。すると、不明な出費や人的コスト、時間コストを抑えることができるのです。

また、これまでばらつきがあった監理費も、クラウドを通して情報の共有ができれば、適正な監理費の金額も見えてくるはず。今まで監理費を払い過ぎていた企業にとっては、大幅なコストカットになります。

DXの導入によって業界全体の平均単価は下がりますが、それは同時に平均単価の適正化を意味しているのです。

二つ目は「コンプライアンスリスクの低減」。近年、受入れ企業における外国人材への待遇の悪さや、過重労働の実態がメディアなどで大きく取り沙汰されてきました。そのため、外資を含む大手メーカーの多くが「人権デューデリジェンス」を重視する方針にシフトしつつあります。

人権デューデリジェンスとは、ビジネスにおいて〝人権を脅かすリスク〟を調査し、発覚したリスクを抑える取り組みのこと。大手メーカーは自社で働く社員だけでなく、その先の子会社や委託先で働く人材も調査対象としています。万が一、委託先の企業で勤務する人々への過度な長時間労働や、賃金の未払いが発覚した場合、契約が解除されるリスクがあるのです。〝うちは委託先だから関係ない〟では済まされない、製造業に携わる全ての人々に関わる指針である、という認識を持ちましょう。

この指針は、人材採用にも適用されます。最近では、外国人材が受入れ企業にたどり着く過程で、悪質な送出機関に関わり、定価よりも高い金額の紹介料をその機関に支払っていた場合、その過払い分を受入れ企業が外国人材に返金する、という規則を委託先に課す大手メーカーもあります。そのため、多くの企業が第三者を除外した、〝クリーンな外国人材の採用〟を求めるようになりました。今後、コンプライアンスはさらに強化される可能性が高く、リスクの低減は急務となるでしょう。そこで採用工程を見える化する当社のGMSを導入してもらえれば、低リスクな外国人材の採用も可能になるはず。

製造業界の未来を見据えて、私たちが当初から尽力してきた業界のDX化は、時代にマッチしたサービスになりつつあります。

リリース当初は伝わらなかった外国人材業界DX化の魅力

企業が安心して外国人材を迎えられる仕組みを作り、外国人材が「日本で働きたい」と思えるようにしたい。私たちはその一心で、2019年からさまざまなシステムやサービスの開発にまい進し、翌年には無事サービスをリリースしました。そして、当社のスタッフは「これで業界が変わる」と希望を抱いて、各企業の人事担当者に提案したのです。

しかし、結果は惨敗。

外国人材を受け入れている中小企業と、監理団体の強固な結び付きの前に、なすすべもありませんでした。すでに構築された関係性の中に、突然私たちが割って入り「監理費をもっと安く抑える方法があります！　DX化しましょう！」と提案しても「気持ちは分かるけど、監理団体さんもよくしてくれているから……」と断られてしまうのです。

試しに一度でも使ってもらえれば、サービスのメリットが伝わるはずなのですが、それすらもかないませんでした。

そんな厳しい状況を変えたのが、新型コロナウイルス感染症の世界的大流行です。私たちの生活を一変させたコロナ禍は、外国人材業界にも大きな影響を与えました。

実際、各国で海外渡航が困難になったため、外国人材の日本への入国が鈍化するなどのマイナスの影響もありました。しかし、同時にオンラインの活用が広く浸透するきっかけにもなったのです。

コロナ禍以前は、外国人材を採用する際に企業の担当者が現地に飛び、一人一人と面談をするという工程を経ていました。しかし、コロナ禍の渡航制限下では対面での面談は不可能。それでも、採用活動は止められないため、多くの企業がＺｏｏｍでの面談にシフトしたのです。その結果、企業の担当者が「現地に行かなくても採用ができて、大幅なコストカットになる」と気付く契機になりました。渡航制限が緩和された今も、外国人材のオンライン採用は定着しています。このオンラインの浸透が入口となり、業務のＤＸ化を目指す企業から、当社のサービスを利用したいという相談も増えています。

また近年、日本企業で推奨されている〝ジョブ型〟の働き方も追い風になりました。ジョブ型とは、社員の職務を縦割りにして、それに伴う成果を評価する働き方を指します。そのため、社員一人一人の成果だけでなく、業務内容やそれにかかるコストを明らかにする必要があり、経費の削減も評価対象になり得る。そこで、企業の人事担当者が高額な監理費を削減しようと考えたときに、当社のサービス導入に踏み切るケースも少なくないようです。

こうした背景から、コロナ禍以降は外国人材市場にＤＸ化の波が一気に訪れました。それと並行して、不透明な人材採用や、人権を侵害する働き方の是正など〝業界のクリーン化〟が進んでおり、外国人材市場は転換期を迎えている。私たちキャムコムグループが外国人材事業に携わってから、徹底して目指してきた〝情報の見える化〟が、世の中のニーズと合致しつつあるのです。サービスのリリース当時はなかなか受け入れてもらえませんでしたが、諦めずに地道にまいてきた種が、やっと芽吹き始めています。

じつは、私たちが業界の常識を覆す施策や、サービスを展開できるのは、人材派遣業界特有の〝しがらみ〟にとらわれずに行動した結果でもあります。私たちキャムコムグループは、長年人材派遣業界に身を置いていますが、かつての人材派遣業界における横のつながりは「お酒をついで仕事をもらう」という、いわゆる〝接待〟を意味しており、自社のスタッフには、接待で仕事を取るような営業はさせたくない。これは、代表の神保がキャムコムグループを立ち上げたときから受け継がれてきた意思でもあります。私自身も神保の理念に強く共感を覚えており、今後もその方針を変えることはないでしょう。

そして外国人材業界にも、さまざまな組合や団体がありますが、当社はこれまでと同様に特定の組織に属さず、自由な発想でサービスの開発に取り組んでいます。もしも私たちが業界の常識にとらわれていたら、自らアクションを起こし続ける北沢のような社員も育たず、ＤＸを主軸にした外国人材ビジネスの展開という発想すらも浮かばなかったでしょう。

じつをいうと、同業他社に比べると当社の外国人材事業のスタートはそれほど早くはありませんでした。しかし、後発が故に、外国人材業界が長い年月をかけて生み出した〝課題〟を明確に認識できた、ともいえます。

周囲に惑わされず業界の課題解決に挑めるのは、創業時から貫いてきた理念が奏功しているのです。

最大の課題は〝適正な人材集め〟

そして私たちには解消しなければならない、大きな難題がもう一つあります。それは「人材集め」に関する課題です。

第2章でも触れましたが、監理団体に依頼をすれば、人数を集めること自体は容易です。しかし、いざ〝適正な工程を踏んできた外国人材〟を採用しようとすると、途端にハードルが高くなります。繰り返しになりますが、ベトナムの技能実習生は現地の送出機関に紹介してもらうため、地元のブローカーに多額の謝礼を支払う形式が常態化しています。皆さんは〝ブローカー〟という言葉から悪人を想像するかもしれませんが、現地では村の有力者や学校の教員など、信頼の厚い人物がその役割を担っているのも特徴です。つまり「〇〇さんの紹介」というお墨付きをもらって送出機関につなげてもらうのが、ベトナムの慣習として根付いているのです。そして紹介してくれたお礼として、謝礼を支払うのが彼らの礼儀であり常識。そのため、ベトナムではブローカーを介さずに直接送出機関に行く、というルートは現実的ではないのです。全てのブローカーや送出機関が悪質とは限りませんが、中間で関わる人々や機関が、適正なサポートをしていることを証明するのは非常に難しいでしょう。私たちは、現在もさまざまなアプローチをしながら、ベトナムで適正な人集めを行う難しさを目の当たりにしています。

それでも、今の日本は数十万人ものベトナムの人々が外国人材として働いており、その人数はこれからも増えていくでしょう。すでに、日本の経済は彼らなくしては立ち行かないところまできている。私は人材サービスに携わる者として、働き手に負担を強いている現実から目をそらすわけにはいかないのです。

サービスを通して、私たち日本人の大切なビジネスパートナーとなった外国人材が、安心して就労できる仕組みを作るのは私たちの使命。今後も試行錯誤を繰り返しながら、現行の制度の中で実現できる〝採用工程の適正化〟に挑み続けます。

本章で紹介したキャムコムグループのサービスは、外国人材市場において必ずしも〝主流〟ではありません。私たちには多くの競合企業と同じように、外国人材を現地から連れてきて働いてもらう、というすでに確立された事業を展開する道もありました。

しかし、私たちがこの業界に一歩足を踏み入れたときに抱いた、強烈な違和感や怒りを無視すれば、課題の解決はさらに先送りになってしまう。自分たちが携わるならば、業界の常識や既存の価値観をひっくり返さなければ意味がない、と。私はそう思っています。これからも、あらゆる観点から解決の糸口を探り、より多くの企業や外国人材が安心して利用できるサービスを創造していかなければなりません。

海外の外国人材受入れ事情

外国人材の労働力に頼っているのは、日本だけではありません。とくに、慢性的な人材不足に悩んでいる国では、外国人材が経済の一翼を担っているケースも少なくないのです。そこで本コラムでは、諸外国がグローバル人材をどのように受け入れているのか、その取り組みと実情を見ていきましょう。

韓国〜雇用許可制を導入した効果と課題

（1）韓国

日本と同様に少子高齢化に悩む韓国は、2004年から「雇用許可制」を導入しています。雇用許可制には、専門技術を持たない外国人労働者が対象の「一般雇用許可制」と、韓国系外国人労働者を対象にした「特例雇用許可制」の二つの種類がありますが、ここでは受入れ人数が多い一般雇用許可制について紹介します。

この制度は、人手不足が深刻な製造業、建設業、農畜産業、サービス業のうち、従業員300人未満の事業者に、韓国政府が外国人材を雇用する許可を与えるというものです。一方、制度を利用して入国してくるのは、韓国政府が二国間協定を結んでいるカンボジア、ネパール、ベトナムなど15の国の人々(2023年現在)。彼らの在留資格は、専門的な技術を持たない「非専門就業」に分類されます。

そんな雇用許可制最大の特徴は、韓国政府の雇用労働部が受入れ企業に対して許可を出すだけでなく、外国人材の選抜、採用、事前の研修まで、一貫して行う点にあります。政府が直接携わるため、外国人労働者はブローカーや仲介業者を経由せずに入国でき、借金を背負うリスクの低減につながる、と考えられています。また、非専門就業として滞在しているあいだに、3回まで勤務先の変更が認められており、日本の技能実習制度に比べて、外国人材に配慮した制度となっているのです。

あまたある外国人材の受入れフローの中でも、最適解の一つとされている雇用許可制。しかし、導入から15年以上が経過し、その評価に陰りが見えてきました。2020年、韓国労働研究院は「外国人非合法労働市場の形成と類型」というレポートの中で、不法滞在者や不法就労者が韓国国内で増加傾向にある、と発表したのです。

なぜ、韓国で不法就労者が増えているのか――。その背景には、外国人材需要の高まりと、不法滞在・不法就労が容易にできる環境があります。

不法滞在者と企業をつなげているのは、現地に住む留学生や結婚を機に移住してきた長期滞在者がつくったコミュニティー。韓国語が堪能な彼らは、不法就労の〝専門仲介人〟として不法滞在者に仕事をあっせんしているのです。不法就労者は、在留資格が切れた滞在者だけでなく、合法的に雇用された事業者から失踪した、現役の非専門就業外国人材も含まれています。

採用する事業者は、もともと制度の利用対象外の企業だけでなく、利用資格があっても合法的に受け入れるよりも費用が安く、手続きが簡単な不法滞在者を好んで採用しているそうです。非合法の採用で一時的な人手不足は補えるかもしれませんが、今後さらに不法就労者が増えれば、国内に住む韓国人材の雇用に影響を及ぼしかねません。韓国政府は、国内の非合法労働市場の実態調査を進めながら、対策を講じていく予定とのことです。

韓国法務部 出入国・外国人政策本部
「韓国の年別違法滞在外国人(2019~2023年)」

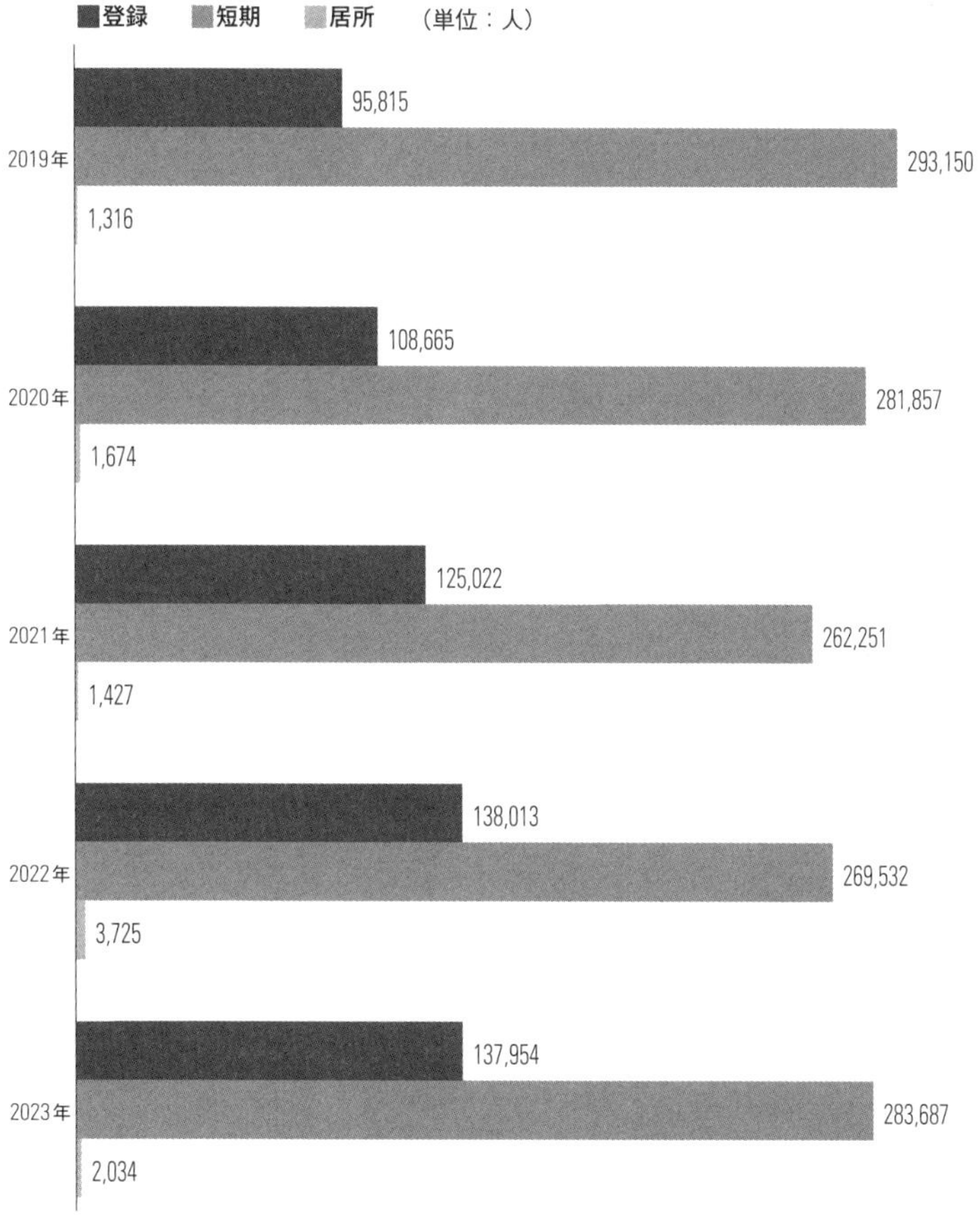

参考　https://www.moj.go.kr/moj/2415/subview.do

一見、最善策に思える制度も、時間とともにほころびが出てくる。これから日本政府が新たに打ち出す外国人材関連制度は、他国の取り組みを吟味しながら、より多角的な視点で策定する必要があるでしょう。

オーストラリア～人材獲得のライバル

（2）オーストラリア

近年、世界の外国人材市場で最も注目を集めている国が、南半球に位置するオーストラリアです。もともとオーストラリアは、外国人が最長で3年間就労できるワーキングホリデービザの利用者や、留学生などの外国人が多く働いていました。しかし、2020年のコロナ禍が引き金となり、現在は「レイバー・ショーテイジ・クライシス（人材不足危機）」に陥っています。

パンデミック発生時、オーストラリアは早い段階から非常に厳しい入国制限を行い、当時、現地で働いていた外国人材にも帰国を促して感染拡大防止に尽力。そのため、

海外在留邦人数調査統計（外務省領事局政策課）

海外在留邦人数推計推移

各年10月1日現在（単位：人）

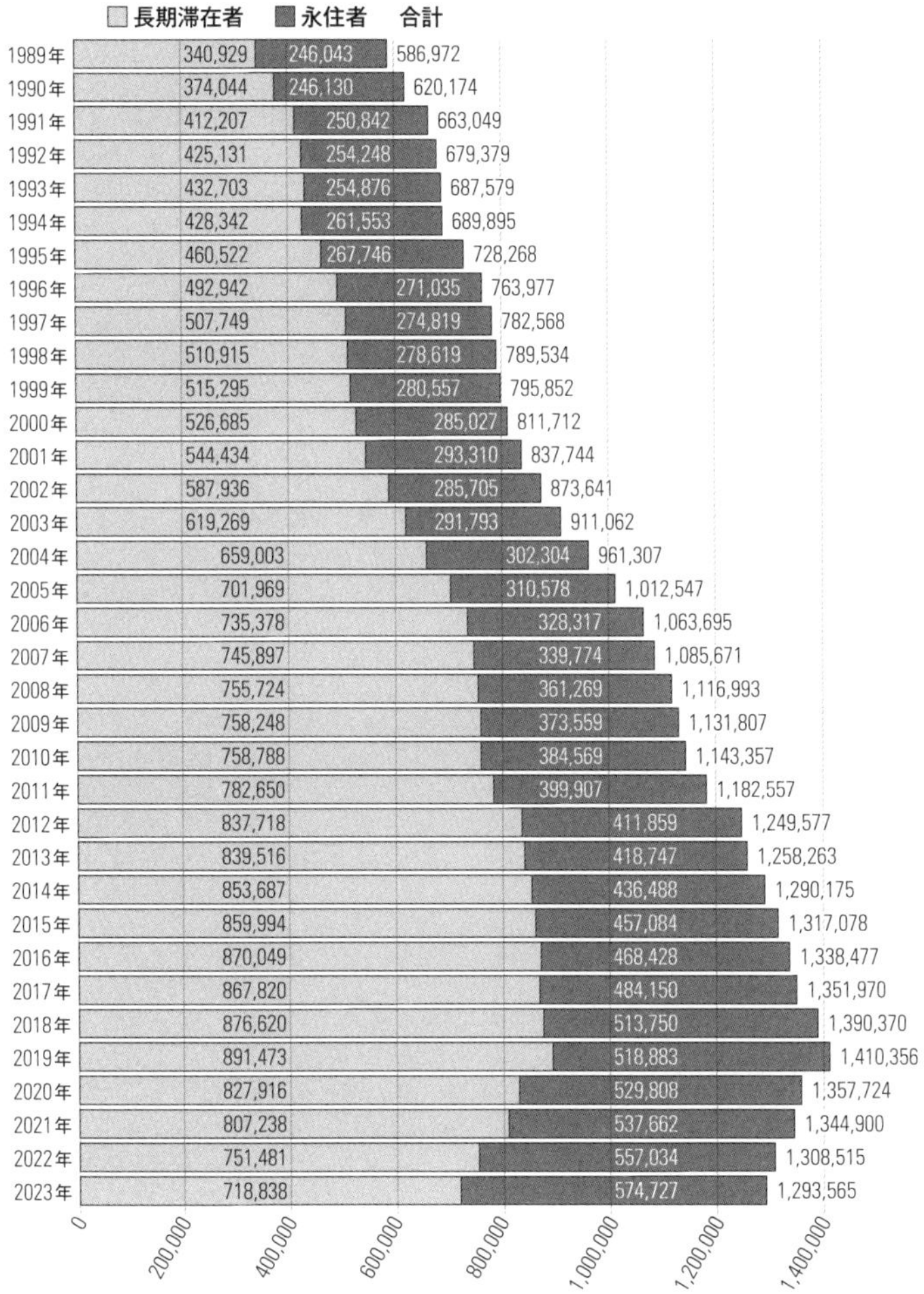

長期滞在者
永住者
合計
1989年 340,929 246,043 586,972
1990年 374,044 246,130 620,174
1991年 412,207 250,842 663,049
1992年 425,131 254,248 679,379
1993年 432,703 254,876 687,579
1994年 428,342 261,553 689,895
1995年 460,522 267,746 728,268
1996年 492,942 271,035 763,977
1997年 507,749 274,819 782,568
1998年 510,915 278,619 789,534
1999年 515,295 280,557 795,852
2000年 526,685 285,027 811,712
2001年 544,434 293,310 837,744
2002年 587,936 285,705 873,641
2003年 619,269 291,793 911,062
2004年 659,003 302,304 961,307
2005年 701,969 310,578 1,012,547
2006年 735,378 328,317 1,063,695
2007年 745,897 339,774 1,085,671
2008年 755,724 361,269 1,116,993
2009年 758,248 373,559 1,131,807
2010年 758,788 384,569 1,143,357
2011年 782,650 399,907 1,182,557
2012年 837,718 411,859 1,249,577
2013年 839,516 418,747 1,258,263
2014年 853,687 436,488 1,290,175
2015年 859,994 457,084 1,317,078
2016年 870,049 468,428 1,338,477
2017年 867,820 484,150 1,351,970
2018年 876,620 513,750 1,390,370
2019年 891,473 518,883 1,410,356
2020年 827,916 529,808 1,357,724
2021年 807,238 537,662 1,344,900
2022年 751,481 557,034 1,308,515
2023年 718,838 574,727 1,293,565
0
200,000
400,000
600,000
800,000
1,000,000
1,200,000
1,400,000

観光産業が盛んな同国の経済は、制限措置の影響で一時は大きく落ち込んだものの、制限の緩和とともに好況に転じています。

経済が回復に向かっているオーストラリアですが、そこで問題になっているのが、コロナ禍で外国人材を帰国させたことによる深刻な人手不足。どんなに仕事があっても働く人がいない、という状況にあります。

同国政府は窮地を脱するため、外国人材の確保に本気で乗り出しました。まず、需要が高い医療や福祉、建設など、人手不足が著しい産業で技能を持つ人々のビザ審査を優先的に進める「優先移民技能職業リスト」を策定し、受入れをスタート。その後、対象職種はさらに拡大され、一部の職種では外国人材の滞在期間の延長を決めました。それだけでなく、高い報酬を支払う雇用主の多さも、外国人材がオーストラリアで働くメリットになっています。とくに働き手がいない介護施設は、日本円にして月80万円の給与を日本人の介護士に支払うケースもあるそうです。オーストラリアでは、死が尊いものとされ、それにまつわる職業に就く人々の市場価値も高くなる傾向があります。そのほか、農場でブルーベリーやチェリーを収穫し、月に50万円の収入が得られるアルバイトもあるなど、専門技術がない人材でも好待遇が期待できる環境です。

オーストラリアは日本よりも物価が高い、というデメリットもありますが、それでも「出稼ぎに行きたい」と考える日本の若者が増えています。ただでさえ少ない若い働き手が、国の外に流れているのです。もはや、人材獲得のライバルは国内企業だけではなくなっているのです。

第4章

キャムコムグループが切り開いた外国人採用の扉

~課題を克服した企業

前章では、外国人材業界が抱える根深い課題と、その解決を目指す、キャムコムグループのサービスや取り組みについて紹介しました。しかし、読者諸氏の中には「理想ばかり掲げて、実態が伴っていないのでは」と感じた人もいるのではないでしょうか。とくに、過去に外国人材を採用してうまくいかず、受入れに対して強い苦手意識を持っている人。あるいは、第1章に登場した企業のような手厚いケアは自社にはできない……と、感じてしまった人にとっては、私たちのサービスがどのように機能するのか想像がつかないかもしれません。

そこで本章では、実際に当社のサービスを導入しているお客さまの生の声をお届けします。

サン工業〜日本屈指のめっき加工技術と先進的な社員教育

有数の工業団地を擁する長野県伊那市。その地で〝めっき加工業〟を営んでいるのが、サン工業株式会社です。同社は2022年からキャムコムグループを介して、技能実習生の受入れをスタートしました。

まずは、サン工業の事業概要から説明しましょう。彼らが手掛けるめっき加工とは、さまざまな材料の表面に薄い金属の膜を形成する技術。約80種類もの金属を扱い、小さなねじをはじめ、自動車のボディーや航空機の部品など、多種多様な素材に加工を施しています。

「当社は決まった製品を加工するだけでなく、お客さまの悩みを解決する新技術や新製品を立ち上げる〝開発主導型のめっき加工〟も行っています。多様なめっきを扱っているからこそ可能な事業です」

そう話すのは、サン工業総務人事部で部長を務める細田文恵氏。同社は、社員の技術を磨くために全国鍍金工業組合連合会が主催している「全国めっき技術コンクール」にも毎年参加しています。2022年は装飾クロムめっきと無電解ニッケルめっきの2部門で全国1位の「厚生労働大臣賞」を受賞するなど、高い技術を誇るものづくり企業です。2023年現在、サン工業には160人の社員に、派遣スタッフを含めた約190人が在籍し、県内屈指のめっき加工企業に数えられています。同社が成長を続ける理由は、手厚い社員教育制度にあります。

「代表的な取り組みは、月に1度全社員が参加する勉強会『ＳＵＮ Ｄａｙ』の実施です。めっき加工の最新技術や、品質向上などの内容を扱い、社員一人一人の学びをサポートしています。ＳＵＮ Ｄａｙは土曜日に開催されるので、休日が1日減ってしまいますが、その方針に共感し、自らを成長させたいという気概で入社してくれた人ばかりなので、能動的に参加してくれますね。サン工業に〝入社して終わり〟ではなく、もっと成長したい、チャレンジしたいという若手を育てることが、私たち中小企業の成長につながる。学ぶための環境づくりに役立つよう常にインプットを意識し、課題にミートした学びにこだわっています」（細田氏）

２０１０年に人事担当として細田氏が入社してからはとくにリクルート活動に尽力し、毎年10人以上の新卒社員を採用しており、現在の社員の平均年齢は34歳。若い担い手不足が叫ばれる長野県の製造業において、非常にまれなケースといえるでしょう。

入社後も成長できる環境を社員に提供する。私自身も、自社の社員や派遣スタッフに教育の機会を与える重要性を身に染みて感じておりますので、彼女の言葉に強い共感を覚えました。

経営幹部の反対を押し切った本気の説得

若手も多く、めっき加工企業日本一を目指すサン工業。そんな同社はなぜ、キャムコムグループを通して外国人材の受入れに乗り出したのでしょうか。

「大きな理由の一つは、この数年で加速している派遣スタッフ不足です。現在、当社は30ほどの製造ラインを持っており、それぞれ扱うめっきも違えば、繁忙期も異なります。全ラインが同じように稼働しているわけではなく、全てのラインに社員を配置すると業務の負担に差が生じてしまうんです。そのため、今までは繁忙期ごとに派遣スタッフさんを雇用して人員を確保する、という方法で対応してきました。しかし近年、その派遣スタッフの確保が困難になっているんです。人数が足りていないのはもちろんですが、当日欠勤は当たり前。人によっては、朝にかけてきた電話で『今日やめるので行けません』と告げてくるケースもあり、時給を上げ、やっと採用してもらす

ぐにいなくなってしまう。そのたびに現場は振り回されて疲弊し、生産性が下がっているのが現状でした」（同）

派遣スタッフの質の低下は、人材派遣業をなりわいとしている当社としても耳の痛い話です。キャムコムグループでもこの状況を大きな問題として受け止め、改善に取り組んでいます。とくにサン工業が位置している長野県の上伊那地区は製造業を営む企業が多く、派遣スタッフの〝取り合い〟は激化。派遣スタッフたちは、より好条件を求めて地区内にある製造事業者を転々と渡り歩くような状況が続いているのです。

そうした実情もあり、当社から〝外国人技能実習生〟の受入れという解決策を細田氏に提案しました。

「じつは6年ほど前にも外国人材の受入れを検討したのですが、実際に受け入れた近隣の企業に話を聞くと、技能実習生の失踪や社員とのトラブルなど懸念点が多く、諦めてしまったんです。しかし、それから数年がたって、派遣スタッフ不足は深刻さを増しています。また、わが国は将来的に多くの外国人材の力を借りなければならない事態になるかもしれない。そのときに、何のフォローもできない状態での受入れはリスクが高いため、余裕があるうちに体制を整えたい、とも考えていました。そんな折、キャムコムグループさんから外国人材に関する情報を頂き『チャレンジしてみよう』と思ったのが始まりです。何より、以前から派遣スタッフをご紹介いただいていたご縁もあり、信頼関係のあるパートナーとしても最適であると感じました」（同）

自社のさらなる発展と、これから起きる人材不足に備えて、外国人材の受入れを選択した細田氏。そこで第一の関門となったのは、経営幹部からの反対の声だったといいます。

「先述の通り、当社は派遣スタッフを除けば、毎年新卒を採用できていて、社員の若返りも図れています。それもあって『無理に外国人を採用する必要はないのでは』という反対意見が多く上がりました。そこで私は、派遣スタッフ不足の深刻さを軸にプレゼンをしたんです。また、キャムコムグループの方に外国人材の特色や受入れのメリットを聞き、自分でも調べるうちにベトナムやインドネシアには優秀な人材が多くいることが分かりました。そうした人材を迎えて、サン工業を支えてくれる人々を育てる大切さもアピールしつつ『まずはトライさせてほしい』と、本気で説得したんです。加えて、これまでのサン工業ならではの教育制度を応用し、彼らの生活もしっかりとサポートすれば、共に成長できるはず、そんな自信もひそかにありました」（同）

細田氏の熱意が伝わり、同社は２０２２年に外国人材の受入れを開始。そして彼女は、技能実習生も日本人の社員にも分け隔てなく接してコミュニケーションを取り、休日は家族や社員を巻き込み、買い物やバーベキューに誘うなどのこまやかなケアも行っているそうです。細田氏は「私、おせっかい焼きなんですよ」と笑いますが、彼女の笑顔に救われている人はとても多いでしょう。

二人三脚で進めた受入れとサポート

一方、私たちは初めて外国人材を受け入れるサン工業をサポートするため、外国人材の魅力や特徴をお伝えしました。例えば「インドネシアの男性はイスラム教のバックボーンがあり、とても堅実」「ベトナムの女性は非常に勤勉」など、それぞれの国民性についても言及しました。それから私たちはお客さまが必要としている人材像を見極め、マッチした人材をつなぐ。これはキャムコムグループの重要な仕事であり、得意分野といえます。そして、オンライン面接の後に協議を重ねた結果、サン工業ではインドネシアから男性2人、ベトナムから女性2人を受け入れることになりました。

受入れが決まった技能実習生たちは日本に渡ってきますが、日本語の勉強や、日本で日常生活を送るために必要な基礎知識を身に付けるため、半年間は研修を受けなければなりません。その研修も、当社が運営する「キャムテック エデュック アカデミー」で行いました。

また、実際に受入れが始まった後も、業務の教育面や住居、インフラを整備して、彼らが快適な生活を送るためのサポートを担っています。具体的には、第3章で紹介した動画作成と翻訳を行う「前トレ動画サービス」の提供など、外国人材に必要なサポートを可能な限り提案しました。

「サービスの中でもとくにありがたかったのが、通訳サポートですね。技能実習生たちには当社に来てからの数日間、作業に入る前に『5S活動（＊1）』の重要性や、作業に使用する、めっきの化学薬品に関する基礎知識や安全教育などを一通り学んでもらいます。そこでキャムコムの通訳さんに来ていただき、マンツーマンで座学の内容を通訳してもらったんです。言葉の壁を感じさせず、新卒社員研修と同程度の教育が行えたおかげで、よりスムーズに実務に入れたように思います。その後も1週間ほど実習に付き添ってもらい、通訳を介して作業の指導を進めました。現場の社員からも『理解が早く非常に助かった』という声が届いています。そして何より、通訳さんが非常に優秀。通訳の方たちも技能実習を経験した外国の方なので、当時自分が困っていたことを踏まえてアドバイスしてくれていた印象がありました。彼らの優しさと人柄の良さにも助けられましたね」（同）

ありがたいお言葉ですが、私たちのサービスは当初から満点を頂いていたわけではありませんでした。住宅のインターネット環境の不備などもあり、細田氏からお叱りの言葉を頂いたこともあります。

「たしかに、受入れ直後はトラブルもありましたが、そのたびに迅速に対処してもらえたので、かえって信用は高まりました。何より、キャムコムの皆さんは私と同じように技能実習生たちを〝わが子〟のように感じてくれているので、安心してサポートをお願いできます。今後ともビジネスパートナーとして長くお付き合いしていきたいと心から思っております」（同）

（＊1）…製造現場において「整理・整頓・清掃・清潔・しつけ」の五つの「S」を重視し、不良品撤廃を目指すワークフロー

インドネシアの技能実習生から得た〝学び〟

4人の外国人材を受け入れてから、約半年。細田氏に技能実習生たちの印象について聞くと「サン工業に来てくれて本当によかった」と話してくれました。

「彼らの作業に取り組む姿勢がとにかく素晴らしいですね。これまで一度も遅刻・欠勤もなく、毎日真面目に業務に励んでくれています。日本語での会話も問題なく、以前私が外国人材を受け入れた企業から聞いたようなトラブルは、一切起きていません。

人材としても彼らに助けられていますが、それ以外の場面でも〝気付き〟を与えてくれる存在です。ある時、インドネシアの技能実習生たちに『2人で暮らしていてけんかをすることはないの?』と尋ねると『けんかはしません。人と人は話し合って問題を解決できるので、争い事は意味がないんです』という答えが返ってきて、ハッとしました。日本の若者からはあまり感じられない〝芯〟が、彼らの中にはしっかりあるんですよね。技能実習生たちから学ぶことの方が多いんですよ」

細田氏は、明確な目標を持って日本に渡って来ている技能実習生たちから、自社の若手社員も刺激を受けてほしい、と期待を寄せているそうです。

「彼らは言語も違う異国に来て、新しい環境の中で〝学ぼう〟という意思がとても強い。私がこれまで抱いていた『日本は先進国だから、ほかのアジア諸国よりも優秀な若者が多いはずだ』という固定観念が覆されましたね。かつての『出稼ぎに来ている外国人』というイメージとは懸け離れた印象を受けています。にもかかわらず、今も技能実習生を〝安価な人材〟と考えている日本企業が多く、正面から向き合おうとしていない。その勘違いが、昨今メディアで取り上げられるようなトラブルを招いているように思います。これから先、日本のものづくりが世界で生き残るには、私たちが変わらなければならないですよね」

同社では今後、キャムコムグループが携わっているインドネシアとのパイロットプロジェクトの枠からの受入れを予定しています。私たちも、教育でサン工業を支える細田氏と共に、同社の発展の一翼を担えるように努力をしていきます。

テージーケー　～世界に拠点を持つ自動車用制御機器メーカーにもたらされた〝若さとやる気〟

日本のものづくり産業をけん引している自動車産業は、高い技術を誇り、長年世界市場で高いシェアを獲得しています。

一台の自動車には数万もの部品が使われており、一つでも欠ければ動かすことはできません。東京都八王子市に本社を置く株式会社テージーケーが扱っているのは、カーエアコンの制御部品。日本有数の「自動車用制御機器メーカー」として、国内外の有名自動車メーカーの車両に搭載されている制御部品の製造、販売を行っています。

その技術を応用して住宅設備用機器も扱いながら、人々の快適な生活を支えているものづくり企業です。テージーケー韮崎工場で工場長を務める柴田恵一氏は、同社の特徴や強みについてこう話します。

「テージーケーでは、主にカーエアコンの中に組み込まれている部品の製造を行っています。カーエアコンの制御装置は、氷点下から灼熱まで多様な温度環境に適応し、埃、振動にも耐えられる高い耐久性など、厳しい条件を満たさなければ商品として出荷できません。そのため、パーツの開発には自動車全般の知識に加えて、計測工学、電子工学など多種多様な複合技術の知識を要します。幅広い知識と独自の技術を生かし、部品の開発・設計から組み立て、販売まで一貫して担っているのが当社の特徴です。また、内製部品、設備は全て当社の工場で製造しているので、迅速なトラブル対応が可能な点も強みになっていますね」

テージーケーは、人々が快適に車に乗るために欠かせないパーツを製造しているのです。例えば、カーエアコンに必要な「コントロールバルブ(*2)」という制御装置を製造しているのは、テージーケーを含めて世界で2社のみ。そのため、名だたる有名メーカーの自動車に同社の部品が使用されており、日本をはじめ欧州、北南米、中国、韓国、東南アジアで、テージーケーの部品を使用した車が活躍しています。

そんな同社が、キャムコムグループを介して外国人材の受入れをスタートしたのは2022年。ベトナムから7人の技能実習生を迎えました。

「現在彼らには、7人1組のグループになり、部品の組み立て作業をしてもらっています。それぞれが異なる部品を担当していて、一つのパーツを組み立てたら次の人に渡し、さらに別のパーツを取り付ける、という作業です。今回来てくれた人たちはとても能力が高く、技術の修得が非常に早くて助かっています。彼らは実習を始めてから約半年ほどで、熟練の作業者並みのスピードで生産台数を上げてくれているんです。分からないことは率先して質問してくるし、興味を持って業務に取り組み、時には『こうした方がいいのでは？』という提案もしてくれるので、業務の効率化にも貢献しています。何より、遅刻・欠勤もなく、とても真面目に取り組んでくれていて、感謝しています」（柴田氏）

また、彼らの指導に当たっているパート社員の女性陣も、はつらつとした外国人材の皆さんにパワーをもらっている、と柴田氏。彼らの〝若さとやる気〟が、テージーケーに新しい風を吹き込んでいるようです。

（＊2）… 車内のクーラーガス（冷媒）の流量を制御して、吹き出し温度の変化を抑えつつコンプレッサーの負荷を軽減する装置

長期サポートが外国人材受入れの不安を解消

今でこそ「技能実習生を受け入れてよかった」と話す柴田氏ですが、それまで〝外国人材を直接採用する〟という選択肢は考えたことがなかったそうです。

「当社には、地元の人々に雇用を提供して地域貢献につなげたい、という思いが強くあるのですが、近年は人材の確保が非常に難しい状況にあります。そもそも人口減少で働き手が少ない上、私たちの工場と同じ地域にある需要の高い製造事業者は、派遣スタッフを獲得するために高い賃金を払っているので、地元の人はそちらに行ってし

まうんです。当社でもハローワークや新聞広告に求人を出して、広く募集をかけましたが、なかなか人が集まりませんでした」

そこで、採用に苦心していた同社に、以前から人材派遣業で取引があったキャムコムグループの担当者から〝技能実習生受入れ〟の提案をしました。

「過去に、日本に住んでいる外国人を派遣で雇ったことはありましたが、現地にいる外国の人を直接採用するのは初めての経験で、不安がなかったといえばうそになります。また、外国人材を受け入れた事業者が、技能実習生に対してブラック労働を強いている、という報道も目にしていたので、制度そのものにネガティブな印象を抱いていました。とはいえ、今のままでは人が集まらないし、外国人材を受け入れるなら早い方がいい、と考えて技能実習制度の導入に踏み切ったのです。いざ受入れを始めると、必要書類の準備や手続き、心構えなどあらゆる事柄をキャムコムの方に随時相談できたので、不安も次第に消えていきました。じつは、ほかの派遣会社は担当者が頻繁に変わるケースが多く、なかなか信頼関係が築けないのですが、キャムコムグループの場合は、数年単位で同じ担当者が関わってくれます。そのため、テージーケーの

社風や特性を知った上で多角的なアドバイスやサポートをしてくれるので、人材とのミスマッチが少ないように感じますね」（同）

キャムコムグループが担当者を頻繁に変えない理由は明確です。派遣スタッフにしても、外国人材にしても、私たちには、企業で働く〝人〟を紹介する、という責任があります。受入れ先の事業内容に対する基礎知識を学ぶのは当然として、その企業の理念や社風、教育方針を深く理解しなければ、適した人材を紹介できるはずがないのです。にもかかわらず、日本の派遣企業の多くが、頻繁な担当者変えを行っているのが実情です。

キャムコムグループは、テージーケーのケースでも、派遣担当者はもちろん、外国人材担当者も長期スパンでのサポートを想定しており、いつでも相談に乗れる体制を整えています。テージーケーが技能実習生を受け入れる職種の場合、彼らが取得できる在留資格は、対象職種に制限がない「技能実習1号」。在留期間は原則1年のみと決まっているので、よりスピード感を持って外国人材の成長を促す必要がありました。「採用に始まり、入国時の対応、技能実習生への生活指導、そして入職してからはキャムコムに通訳者を手配してもらい研修のサポートをしてもらいました。今でも、技能実習生が体調を崩したときの病院対応や生活面の悩みなど、何かトラブルがあれば、通訳の方を通して連絡が来ます。実際の作業では、現場のスタッフが技能実習生の指導に当たっているのですが、私たちが使っていた翻訳ツールは言い回しが古くさくて正確な意図が伝わらず、困っていたんです。そこで、キャムコムの通訳者にお願いしたところ、より詳しく言葉が伝わるようになり、技能実習生たちの理解度も格段にアップしました」(同)

受入れ企業の悩みを解消しつつ、外国人材が快適に実習に取り組めるように全力で支えるのが私たちの仕事。キャムコムグループが第三者として双方のケアに徹することが、結果的に企業と外国人材の働きやすさにつながるのです。

「外国人材の人たちも、就業直後は不安もあったと思います。しかし、彼らと話をすると、土日に集まってサッカーをしたり、少し遠出をして富士山の麓に行ったりと、アクティブに過ごしているようです。ホームシックでアパートに引きこもってしまったなんてこともなく、日本での生活を楽しんでくれていてホッとしました。技能実習生たちの高い能力と、キャムコムのサポートのおかげで受入れ前の心配は杞憂に終わりましたね。制度上仕方がないのですが、正直に言えば1年といわず、もう少し長く在籍してほしいです。技能実習生たちは当社にとって、欠かせない人材になっています」(同)

コロナ禍での受入れで得た教訓

一方で、外国人材を採用したタイミングがコロナ禍だったこともあり「思うようにいかない部分もあった」と、柴田氏は振り返ります。

「コロナ禍の日本では、食事中の〝黙食〟が推奨されていました。しかし、ベトナムとは事情が違っていたからか、食堂で大きな声で会話をしていたので注意したこともあります。そのほか、実務では技能実習生が靴を履き替えず、作業場に土足で入ってしまうなどの小さなトラブルもありましたが、通訳の方を通して注意を促すとすぐに改善してくれましたね。先方の文化に理解を示しつつ、丁寧に対応すれば、素直に応じてくれるので、大きなトラブルは起きていません。むしろ、コロナ禍のせいで歓迎会やイベントを開けず、従業員と交流する機会を用意できなかったのが心残りです。2期目の受入れ時にはコロナ禍が落ち着いている可能性が高いので、技能実習生たちのモチベーションや働きがいを向上させる行事をキャムコムさんと一緒に展開していきたいですね」

コロナ禍という特殊な状況での受入れは、私たちにとっても挑戦でした。時代の変化と課題に真正面から向き合うテージーケーの〝これから〟に関わることができ、私たちにとってとても学びの多い経験になっています。

そして同社は今後、30人の外国人材の受入れを目指している、と柴田氏は話します。

「1期生は山梨県の韮崎工場のみの受入れでしたが、2期の技能実習生は神奈川県相模原市の城山工場でも受け入れる予定です。当社が携わっている自動車産業にはEV（電気自動車）化の波が訪れ、転換期を迎えています。そうはいっても、カーエアコンの生産工程や使用するパーツに大きな変化があるとは考えにくいので、これからも人手は必要です。将来的に、外国人材の皆さんと手を取り合って一緒に働き、テージーケーの発展につなげていきたいです」

自動車業界が大きく変化する中で、外国人材を受け入れるという決断をしたテージーケー。その選択がもたらす未来は、きっと明るいものになるはずです。

日本トレクス　～トレーラ国内シェア45％超の企業が抱える地域の特殊事情

続いて話を聞いたのは、日本トレクス株式会社。同社は、トラックボデーやタンク、コンテナなどの製造・販売を行う、輸送機器メーカーです。扱う製品の中でも、トラクタにけん引されて荷物を運ぶ車両を指す「トレーラ」のシェアは45％を超え、国内トップシェアを誇っています。輸送機器の開発から設計、製造、販売まで全てを担い、日本の物流を支える企業の一つです。

２０１８年には「優れた理念、トップのリーダーシップの下、業務プロセスの革新を進め、独自の強みを発揮し、環境に配慮しつつ、顧客起点のブランド価値等の構築による顧客価値を形成している企業」として認められ「愛知ブランド企業」に選出されました。

「自動車関連の製造業と聞くと、決まった部品を組み立てていく、ライン作業のイメージを持っている人が多いかもしれません。しかし、当社をはじめトレーラなどの貨物系輸送機器の製造は、その多くがオーダーメード。お客さまの要望に合わせて一台一台異なった仕様で製造するため、オートメーション化が難しい事業でもあります」

そう話すのは、日本トレクスの人事部人事課課長の片桐克二氏。これからもオーダーメード生産を行っていくためには、より多くの人手が必要なのです。

これまで同社では派遣社員を雇い、顧客の希望をかなえてきましたが、近年は派遣社員の確保が難しくなっているそうです。

「私たちは2010年ごろから、日系ブラジル人の方々を派遣社員として採用してきました。当社が生産拠点を置いている愛知県豊川市は東三河地区にあり、自動車メーカー国内最大手、トヨタ自動車のお膝元。そのため、日本人の働き手はトヨタ自動車の工場で工員として働くケースがほとんどで、日本人の雇用が難しい地域なのです。そうした状況の中で、長年活躍してくれているのが、近隣のエリアに暮らす日系ブラジル人の皆さん。当社以外の製造事業者も彼らを雇用しているので、彼らは東三河地区のものづくりを支える、大切な担い手でもあります。しかし、時代とともに高齢化が進み、日系ブラジル人2世は引退。現在、メインで働いてもらっているのは、40〜50代の3世の方々ですが、給与と業務内容の兼ね合いで近くの工場を転々と渡り歩くため、日系ブラジル人スタッフの確保も難航しているのが実情です。より若い世代も採用していきたいのですが、4世の受入れがスムーズに進んでいないことも、人材不足を加速させています」（片桐氏）

なぜ、日系ブラジル人材の世代交代が滞っているのか。それには、2018年にスタートした日系4世の受入れ制度が深く関わっています。

1990年に施行された「出入国管理及び難民認定法（入管法）」の改正では、日系3世までは就労制限がなく〝定住者〟の在留資格が認められていました。しかし、リーマンショックを機に、多くの製造業者が非正規雇用の日系ブラジル人を大量解雇。それを受けて日本政府は、彼らにブラジルに帰るための渡航費を支給するという支援策を講じ、帰国を促しました。2013年には、先の帰国支援でブラジルに渡った人々の再入国が認められています。

こうした経緯を経て、2018年7月に始まったのが「日系四世の更なる受入制度」でした。同制度の受入れ対象は、日系4世の18歳から35歳以下という年齢規制があり、一定の日本語能力が求められるだけでなく、民間ボランティアの「受入れサポーター」を確保しなければならないという要件が定められています。また、3世とは異なり、4世は定住者の在留資格が取得できず、滞在が認められるのは最長5年。この厳し過ぎる要件が足かせとなり、受入れが進まず、日本で働く日系ブラジル人は減少傾向にあります。

もともと日本人の働き手が確保しにくい地域性に加えて、制度の問題によって日系ブラジル人材の雇用が困難な状況なのです。一口に〝人手不足〟と言っても、その内情は業界、企業、地域によって大きく異なります。

日系ブラジル人と培った手法が言語の壁を越える

そんな中、日本トレクスは2019年ごろから外国人技能実習生の受入れを始めています。きっかけは、同社の海外進出プロジェクトでした。
「じつは2016年ごろ、当社ではタイで本格的に事業を展開する計画が進んでいました。いずれタイに進出するなら、その国の若者を技能実習生として受け入れて私たちの技術を伝え、ゆくゆくは現地の工場で働いてもらう。そうした外国人材育成のスキームを想定し、キャムコムさんを通じてタイとベトナムの技能実習生を採用しました。残念ながらタイ進出は課題も多く、事業としては頓挫してしまいましたが、技能実習生の受入れは継続していく予定です。現在在籍している1期生は26人。彼らは2023年の春に技能実習3号に移行し、2年間の延長が決まっています」(同)
同社と私たちキャムコムグループは、以前から人材派遣事業で取引があり、海外進出の話を聞いた担当者から、技能実習制度の導入を提案しました。また、すでに外国人材との協働を実現している日本トレクスであれば、技能実習生の受入れも比較的スムーズに行える可能性が高い。外国人材との相性の良さも、技能実習生の受入れ企業に必要な要素です。
実際、社内では受入れに反対する声はゼロだった、と片桐氏。

「もともと、当社の製造現場は外国人材の比率が非常に高く、私たちにとっては日本人と外国人が同じ空間で働くのは日常の風景なんです。日本人スタッフも『新しい外国人材が来てくれる』という認識で迎えてくれました。また、教育面の不安もありませんでした。当社では、ブラジル人スタッフを雇っている経験から、外国人材に対する教育方法が確立されています。まず、仕事に慣れるまでは、出身国が同じスタッフを同じ部門に配属し、業務をこなせる先輩スタッフに、通訳と教育を任せる。この環境ならば、母国語で会話を交わせるので、仕事に対する理解も早く、作業を覚えるまでの時間も短縮できます」

また、日本人スタッフも長年の経験から、簡単な日本語とジェスチャーを交えて作業の内容を伝えることにも慣れているそうです。

「技能実習生たちは、日本語を一通り学んでから日本に来るので、ジェスチャーで補足すれば、ある程度は理解してくれます。これらは、当社が日系ブラジル人の人々向けに考案した教育方法ですが、技能実習生たちにも同じような指導法で問題ありませんでした。また、技能実習生の受入れに伴い、キャムテックＧＭＳの『前トレ動画

サービス』も導入したところ、個人でも業務のおさらいができるようになり、技術の修得スピードが格段に上がりましたね」(同)

外国人材の雇用経験がない企業が、まず最初に懸念するのは〝言葉の壁〟。実際に、企業の人事担当者からも「言葉が通じない中で、どうやって仕事を教えればいいのか分からない」という声が、多く寄せられています。

しかし日本トレクスは、これまで日系ブラジル人の人々と共に培ってきた手法を駆使し、外国人技能実習生の教育という大きな課題をクリアしたのです。

「現在、技能実習生の皆さんには現場で溶接作業や塗装作業に取り組んでもらっています。輸送機器を造る工場は、いわゆる〝3K〟と呼ばれる職場。トレーラは一台約13メートルもあるので、工場自体がとても広く、空調設備は設置できません。夏はスポットクーラー、冬はジェットヒーターでしのいでいますが、とても働きやすいとはいえない環境です。そんな中でも、皆さん真面目に実習に励んでくれているので、本当に助かっています」(同)

そこで同社では、過酷な現場で働く人々のエンゲージメントを高めるべく、さまざまな取り組みを行っています。夏場は熱中症対策として飲み物を無料で配布し、ファン付きの空調服を支給。また、毎日昼食代を会社負担として、工場内の社員食堂で食事ができる仕組みを作り「昼食実質無料」を実現しました。これらの福利厚生は、雇用形態や在留資格に関係なく、全てのスタッフが利用できるのも、同社の特徴です。

「そのほか、当社の表彰制度はスタッフ全員が表彰の対象になっています。過去には、日系ブラジル人の派遣スタッフから、現場内の危険作業の改善方法を提案され、社内で検討して実際に採用されたものもあります。彼には『改善実施賞』を贈りました。現状、技能実習生が表彰された例はありませんが、今後はあるかもしれませんね」（同）

業務時間外の対応が導入のネックに

外国人材との協働に関して、さまざまな知見を持つ日本トレクスには、私たちキャムコムグループの「外国人生活支援サービス」をご利用いただいています。

「もともと外国人に仕事を教える手法は確立されていましたが、〝外国人技能実習制度の活用〟は初の試み。技能実習生の受入れは、派遣社員の採用とはまったく事情が異なります。正直なところ、私たちはどこまで彼らをケアすればいいのか、まったく分かりませんでした。そこで、キャムコムさんの外国人生活支援サービスを利用して、パスポートや在留カードの更新をはじめ、住居の手配、技能実習生がけがをしたり、熱が出たりしたときに病院に連れて行くなど、あらゆる生活のケアをお願いしています。過去に一度だけ、技能実習生が深夜の駅前で酔いつぶれてしまい、警察のお世話になってしまったのですが、その際もキャムコムの方に迎えに行ってもらいました。在籍している26人、一人一人にこまやかなサポートをしてくれるので、とても助かっています」（同）

もし仮に、社内の人事担当者が全て対応した場合、社内の就業規則に違反する可能性があります。そこで当社のサービスを利用していただければ、就業規則違反のリスクを下げることにつながるのです。また、技能実習生としても、トラブルに見舞われたときに気兼ねなく相談できる人がいると、安心して働けるはず。外国人材のライフケアを外注すると、受入れ企業と技能実習生、双方にとって大きなメリットが得られるのです。

「技能実習生を受け入れると、日報の作成や残業の上限など、さまざまな制約や手続きがあり、時間的コストがかかる面もあります。ただ、それらの手間をかけても『受け入れてよかった』というのが率直な感想です。実際に採用した技能実習生たちは、過酷な環境でも真面目に作業に取り組んでくれていて、着実に技術を身に付けていますす。先ほど、駅で酔いつぶれてしまったというトラブルにも触れましたが、日本人でもやってしまう失敗ですから、国籍は関係ありません。彼らは間違いなく、なくてはならない存在になっています」（同）

日本トレクスでは今後、技能実習生のみならず、外国人材の採用をさらに強化していく、と片桐氏。

「当社は今後もトレーラ販売台数のシェア拡大や、売り上げ増を目指し、生産台数を増やしていきます。目標を達成するためにも、より多くの外国人材の皆さんに力を貸してもらう必要があるのです。現時点では、派遣や技能実習生などの外国人スタッフは、製造現場に携わる業務がメインになっていますが、将来的に総合職でも外国人材の積極採用を行っていく予定です。私たちにとって、外国人材の皆さんは大切なビジネスパートナー。これからも、彼らの力を借りながら成長していければ、と考えています」

〝国籍にとらわれず、共に働く〟――。外国人材に対する同社の柔軟な姿勢や考え方は、次世代を生きる日本企業に必要な視点といえるでしょう。

北川製菓　～革新的ドーナツ製造企業が先取りした外国人材戦略

「1958年、北川製菓はあめ屋として事業をスタートしました。それから約1年後、日本初の〝かすてらドーナツ〟の製造・販売を始めたんです」

そう話すのは、株式会社北川製菓で人事総務部総務課課長を務める永井亘氏。長野県駒ケ根市に本社を構える同社は、主力商品の「信州牧場シリーズ」をはじめ、「あんドーナツ」や「アイスドーナツ」など、さまざまな半生菓子を全国のスーパー、コンビニに届けている食品メーカーです。数ある商品の中でも、「冷凍ドーナツ」は、コロナ禍の巣ごもり需要をきっかけに話題を集め、新たな顧客を獲得しています。
「当社の冷凍ドーナツは、高い冷凍加工技術と長年培ってきたドーナツ製造のノウハウを掛け合わせて誕生しました。常温で解凍すると、しっとりとした揚げたての歯応えが楽しめるドーナツです。コロナ禍以降、冷凍食品市場の拡大が続いていますが、私たちのように〝冷凍ドーナツ〟を扱う企業はあまり多くありません。そうした背景もあり、これまで28万個の売り上げを記録しています。当社は先代の時代から、〝ブルーオーシャンに挑む〟という経営戦略で成長してきました。現在は、冷凍ドーナツのほかにもピザ生地をカラッと揚げた『ゼッポリーネ』という冷凍食品の製造にも力を入れています。ゼッポリーネはイタリア・ナポリの郷土料理なので、日本人にはなじみがありません。認知度が低いので需要は未知数ですが、冷凍ドーナツと同じブルーオーシャンの市場といえますね」(永井氏)
北川製菓はあめの製造からドーナツ製造業に転身した経緯からも分かるように、新たな市場を開拓するパイオニアでもあるのです。

北川製菓は製菓業界のブルーオーシャンだけでなく、外国人材戦略にも柔軟に対応しています。同社が初めてグローバル人材を受け入れたのは２０１３年ごろ。日本では外国人材の受入れ事例が少なかった時代に、試験的に中国からの技能実習生を採用したそうです。

「当時は、今のように『求人を出しても人が集まらない』というほどの人手不足ではありませんでした。しかし、北川製菓の工場がある長野県上伊那郡は人口が少なく、当時の担当者は、今後人材の確保が難しくなることを危惧していたそうです。実際に人手が足りなくなってから対応するのは難しいため、技能実習制度の導入を決めた、という経緯があります」（同）

中国の技能実習生たちが帰国して以降、一時は技能実習生の受入れをストップしていましたが、２０１８年ごろから外国人材の採用を再開。２０２３年現在では、全従業員の約2割に当たる、60人もの外国人材が北川製菓で働いています。また、技人国、特定技能、家族滞在など、多様な在留資格を持つ外国人材を採用しているのも同社の特徴です。新たに特定技能人材を採用し、もともと技能実習生として同社で就業していたスタッフの在留資格が特定技能に移行してからも雇用し続けるなど、採用のフローも多岐にわたります。

「今では、工場業務のほとんどをベトナムやインドネシアの人々が担ってくれています。倉庫から持ってきた原料生地をミキサーで練り、オーブンやトースターで焼き上げる調理作業や、商品を検品しながら梱包して発送する包装作業も彼らの仕事です。皆さん非常に勤勉で、当社の重要な戦力になっていますね」(同)

現在、同社の外国人材はベトナム出身のスタッフが多数を占めていますが、これからはインドネシア人材も増やしていく予定、と永井氏。

「じつは、キャムコムの担当者から『人材の国籍は偏らない方がいい』というアドバイスを頂いたんです。国籍が偏ると、同じ国同士で固まって日本人のスタッフが会話に付いていけなくなる懸念が高まるそうです。当社の方針としても、社内の公用語は日本語に統一するつもりだったので、アドバイスを参考にしてインドネシアの人を採用しました。先日、外国人スタッフに話を聞いたところ、ベトナム出身者とインドネシア出身者の会話は日本語で行われているそうなので、狙い通りの結果が得られています」

私たちも国籍の偏りが招くリスクについては、お客さまにしっかり説明するように心がけています。それだけでなく、母国語が異なる相手に作業手順を説明するときは、一人一人が丁寧な指導を心がけるので、事故の抑止につながるという利点も。公用語の維持は、外国人材を活用する上で重要な要素と考えています。こうした理由から、当社では多様な国籍の人材の採用をお勧めしているのです。

「外国人材の採用以外でも、キャムコムにはさまざまな相談に乗ってもらっています。とくに入管法は複雑で、私のような一般企業の人事担当者が把握するのは不可能なので、どんなささいな事柄でも、その都度アドバイスを頂くようにしていますね」（同）

入管法関連の困り事や、外国人材のトラブルは多種多様。お客さまの悩みにすぐ対応できるように、当社でも専門家を交えた体制を整えています。

「また、キャムコムが持つ〝人材集めのスキルと組織力〟にも信頼を寄せています。今回、初の試みだった特定技能人材の採用もキャムコムの求人サイト経由で行ったところ、とてもスムーズに進みました。外国人スタッフと同じく、キャムコムは当社に

とって欠かせないビジネスパートナーになっています」（同）

古くから運営している監理団体も採用のサポートを行っていますが、彼らの仕事は〝送出国に住んでいる人材〟の受入れがメインです。しかし私たちは、〝すでに日本で働いている特定技能人材〟の採用に力を入れているので、より日本に精通した人材を紹介できます。

じつは、当社のように求人サイトを使った外国人材採用は、日本国内でも珍しい採用フローです。その点では、私たちも外国人材市場の〝ブルーオーシャン〟に挑んでいる状況といえるかもしれません。もともとキャムコムグループ自体も、創業時から同業他社とは異なる戦略で人材派遣業に携わってきました。そのため、私個人としても、新たな市場の可能性を広げる北川製菓の企業戦略にシンパシーを感じています。

外国人材の管理職を育てる試み

北川製菓では、日本人材と外国人材の協働体制をさらに強化するべく、さまざまな取り組みを行っています。

「取り組みの一つは、毎月、あるいは2カ月に1度開く『外国人スタッフ協議会』の実施です。当社の副社長や総務担当者、現場の管理者、外国人スタッフのリーダーを集めて現場の不満を聞き、会社側の考えや解決策を話し合うなど、意見交換の場を設けています。そのほか、社内でクラブ活動を展開して、スタッフ同士が親交を深める仕組みも作りました。週末になると、地元のグラウンドや体育館にクラブメンバーが集まり、さまざまなスポーツを楽しんでいるようです。ソフトボールやバドミントンなど、多種多様なクラブ活動がありますが、一番人気はフットサル。ベトナム人だけでなく、インドネシア人も積極的に参加して、共に汗を流していますね」(同)

従業員同士の交流も本人任せにせず、一人でも多くのスタッフが楽しめる場所を提供するのも、受入れ企業の重要な役割なのです。

そして、北川製菓で外国人材と共に働いている永井氏は「彼らの社交性の高さに驚いている」と話します。

「ベトナムから来たばかりの新人スタッフと一緒に、生活用品を買いに行ったところ、当社のベトナム人スタッフと店内で偶然出会ったベトナム人とがフェイスブックのアカウントを交換していたんです。日本人の感覚では、なかなかそこまで踏み切れないですよね。仕事においても、彼らのそうした人懐っこさに助けられることもあります。たまたま当社に、人柄が良い人材が集まっているのかもしれませんが、これまで目立ったトラブルもありません。日本人スタッフ同士で発生する人間関係のトラブルに比べると、はるかに対応しやすい印象ですね」

多様な国籍の人材が共に働くには、架け橋となる存在が必要です。同社では、外国人材たちがその役割を担っているのです。

そして今後、北川製菓では〝外国人材がキャリアアップできる仕組み〟を構築する予定、とのこと。

「特定技能人材は意思疎通ができて、すでに〝日本での働き方〟に慣れているので、一緒に仕事がしやすいというメリットがあります。ただ、彼らは転職ができるので、私たちは外国人材にとって魅力的な企業になる必要があります。給与面や手当の配慮は当然として、それ以外で〝北川製菓で働く価値〟を提供する必要があると考え、外国人材の育成にかじを切りました。現在、当社では『リーダー』という役職付きの外国人材が活躍しています。そのほかにも、経理や倉庫管理など管理職業務を担当する外国人スタッフも増やしており、彼らを『主任』『係長』へと昇級できる人材として育成中です。今はまだ、大卒の技人国スタッフが育成の対象ですが、いずれは特定技能人材のキャリア形成にも取り組んでいきます」（同）

２０２３年6月、政府は「特定技能2号」の対象分野の拡大を決めました。特定技能2号の在留資格を取得した外国人材は、在留期間の更新回数の上限がなくなり、より長期間の就労が可能になります。北川製菓が携わっている「飲食料品製造業」も、新たに特定技能2号の受入れ対象になるため、同社は外国人材の育成という道を選んだのです。

「これまでは〝決まった期間内でお金を稼ぐ〟という目的で日本にやって来る外国人材がほとんどでした。しかし今後、滞在期間がさらに延長されれば、将来のキャリアを見据えて日本に働きに来る外国人材が増える可能性もあります。これから先、彼らのあいだで『北川製菓で働くとキャリアアップできる』といううわさが広まれば、新

たな外国人材が自然と集まってきてくれるかもしれません」（同）

日本に住む外国人コミュニティーの情報網はとても広く、良いうわさも悪いうわさも瞬く間に伝わります。彼らの口コミの力で求職者を集めるのが、北川製菓が目指す〝外国人材獲得術〟なのです。

「当社でキャリアを築くメリットは、昇級・昇給だけではありません。母国に帰ってから日系企業に就職する際にも、日本企業での管理職経験は有利に働きます。もちろん、うちで長く働いてもらうのがベストですが、帰国した人々が北川製菓で働くことの価値や楽しさを広めてくれれば、現地の人々が北川製菓を選んでくれるかもしれません。それは、巡り巡って諸外国との激しい人材獲得競争の中で、当社が戦う武器となるはずです」（同）

外国人材の能力を正しく評価し、やりがいを与えながら個人の「エンプロイアビリティ」を向上させている、日本でも珍しい企業です。長い時間をかけて外国人材を育成する新たな試みは、10年先、20年先にその真価が発揮されるでしょう。

この第4章に登場した四つの事例は、キャムコムグループと共に外国人材活用への扉を開いた企業です。私たちはこれからも、彼らが踏み出した新たな一歩を支えていきます。

コラム4

外国人材教育に欠かせないデジタルツール

言語にまつわる受入れ企業の「本音」

日本労働組合総連合会が、全国の20～69歳の働く男女1000人を対象に行った調査(*)で「外国人労働者の受入れの環境整備にあたって、何が重要だと思うか」を聞いたところ、39・8%が「外国人労働者に対する日本語教育」と回答したそうです。そして、彼らに求める日本語力については、67・6%が「日常会話レベル以上」の日本語理解力を求めている、という結果が出ています(187ページグラフ参照)。実際に外国人材を受け入れた企業が、技能実習生や特定技能外国人材の日本語教育に課題を感じるケースは少なくありません。

じつは、先述の質問に対して「受入れ時点で日本語ができなくとも、入国後に訓練すればよい」という選択肢を選んだのは、わずか4・5%。この結果から、外国人材が就労してから日本語のレベルを上げるのではなく、ある程度の会話が成立する状態で働き始めてほしい、という企業の本音がうかがえます。

しかし、コラム2でも触れた通り、外国人材を受け入れた後の日本語教育は、企業側が継続的にサポートしなければなりません。それを怠ると外国人材と意思疎通が取れなくなり、作業中に事故を起こすリスクが上がって、外国人材は仕事の悩みを相談できず、失踪や転職をしてしまう可能性があります。外国人材に長く在籍してもらうためにも、彼らの日本語教育は、決しておろそかにしてはならないのです。

そのため、外国人材の受入れを支援する監理団体や企業は独自の日本語教育プログラムを実施したり、金銭的な援助をして日本語学校に通わせたりと、〝アナログ〟な方法で日本語を学ばせるのが一般的でした。しかし近年、外国人材の日本語教育でも急激なDX化が進んでいます。

そのきっかけの一つとなったのは、やはり新型コロナウイルス感染症の世界的大流行でしょう。もちろん、オンラインでの語学学習サービスは2020年以前から存在していましたが、広く浸透しているとは言い難い状況でした。しかし、コロナ禍に突

連合「外国人労働者の受入れに関する意識調査」（2018年）

外国人労働者の受入れの環境整備にあたって、何が重要だと思うか［複数回答形式］

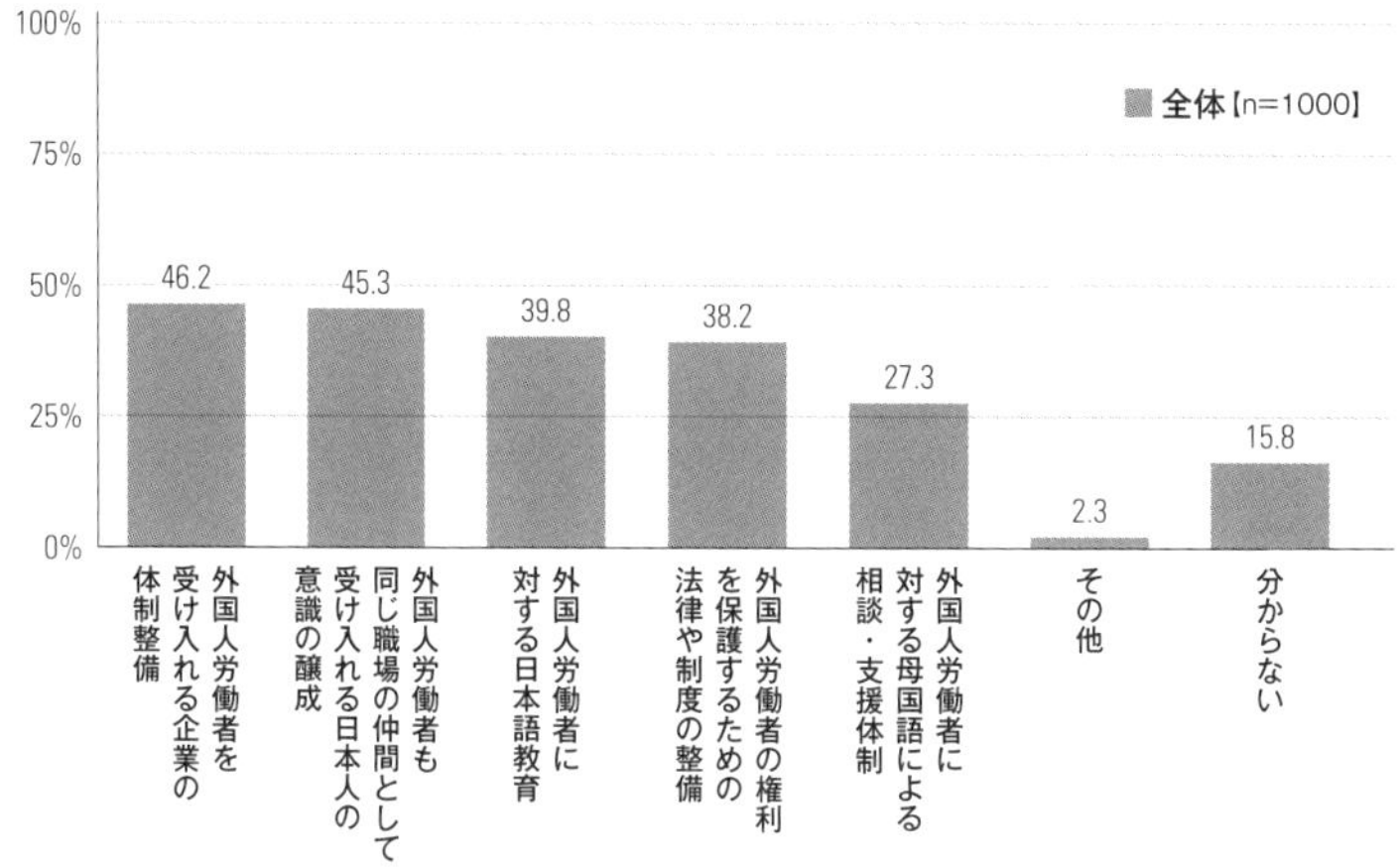

外国人労働者の受入れ拡大を行う場合、外国人労働者の日本語の能力はどの程度必要だと思うか［単一回答形式］

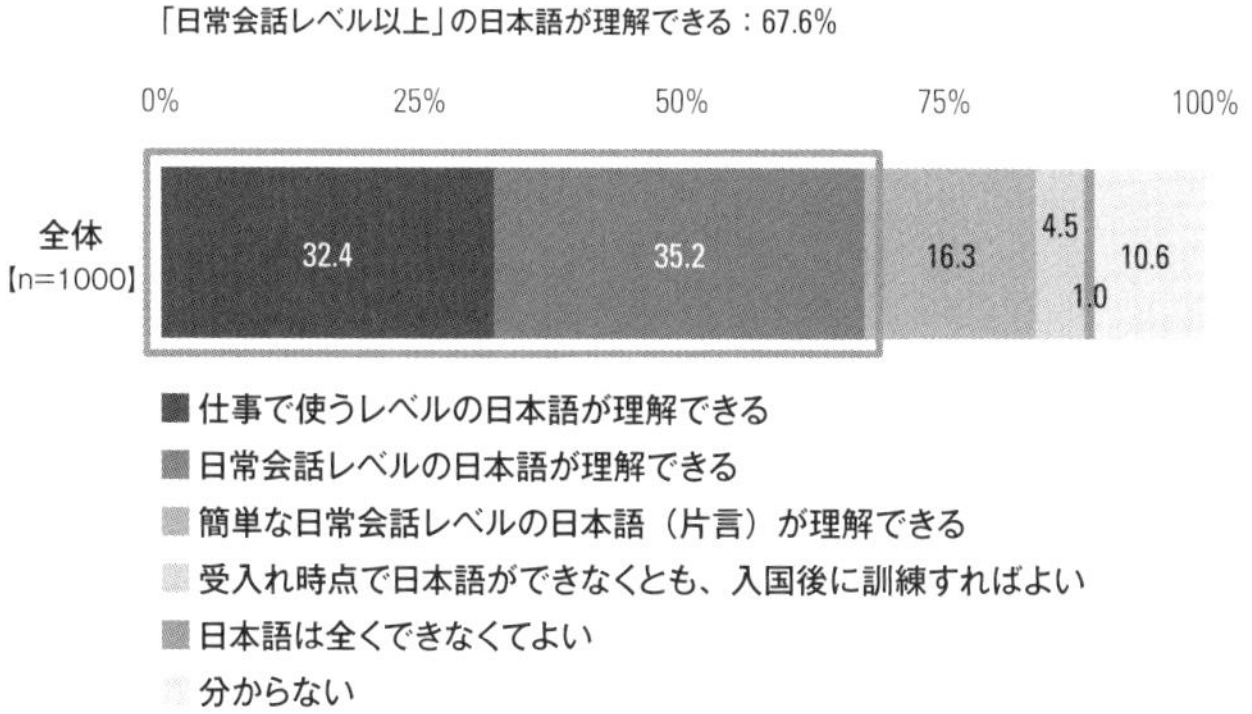

入すると、対面の授業や大人数を1カ所に集めての研修ができなくなったため、オンラインの日本語学習コンテンツを新たに導入する企業が急増したのです。どんなに便利なツールでも、ユーザーがいなければ技術の進化は遅れます。コロナ禍がその起爆剤となったのは、皮肉な事実といえるでしょう。

クラウドサービスで外国人材を教育

私たちキャムコムグループも、2021年にオンラインで社員研修や育成が行える教育クラウドサービス「edupoke global」をリリースしました。edupoke globalは、外国人材向けのサービス。スマホやPC上での日本語学習と、キャムコムグループが独自に作成した〝日本の職場で働くために必要なスキル〞が学べるプログラムが受けられます。一人一人の学習進捗はクラウド上で共有されるので、進みがよくない学習者に管理者がメッセージを送り、彼らを鼓舞することもできる。本人の学習意欲に任せ切りにしないのがedupoke globalの特徴です。

edupoke globalの発想の原点は、私たちが長年行ってきた派遣社員のトレーニング検証装置「LQ（Labor's Quality）プログラム」にあります（前作180ページ参照）。LQプログラムは、働く人々が仕事をしながら、業務全体の流れを把握するトレーニングプログラムです。労働者自身が「必要行動項目チェック表」で自らの仕事の修得度や作業工程を検証し、管理者は各人の業務を評価します。自己チェックと責任者評価をデータ化し、履歴を一括管理して本人にフィードバックをする。一連のプログラムを継続して実施すると、働く人々の「やりがい」や「エンプロイアビリティ」が醸成されていくシステムです。

edupoke globalもまた、本人と管理者が共に成長できるユニークなツール。働き、学ぶ人を独りにしない〝LQプログラムの遺伝子〟を色濃く受け継いだサービスといっても過言ではありません。

こうしたデジタルツールの浸透とともに、今後外国人材市場での活用が期待されているのが、AI技術です。

例えば、ユーザーが発した日本語に対して、文法的な正しさではなく〝日本人に伝わる表現か否か〟をＡＩが判定するアプリや、ChatGPTの技術を取り入れた外国人の生活サポートアプリなども登場しています。

また、日本語教育に限らず、在留資格申請などの行政手続きをＡＩが担うサービスもあり、ＡＩは外国人材市場でも徐々に存在感を増しているのです。企業のネックになっている日本語教育の難しさや煩雑な行政手続きをテクノロジーが解決してくれる——。そんな時代が、すぐそこまで来ています。

（＊）…「外国人労働者の受入れに関する意識調査２０１８」

第5章

人材業界の代表として外国人材と企業のために果たすべき「使命」

人材業界の激動期を過ごした18年間

かつて、長野県のエレクトロニクスメーカーでシステム開発やプロジェクトマネジメントに従事していた私が、縁あってキャムコムグループ前身の綜合キャリアオプションに入社したのが２００６年。畑違いの業界に転職し、今に至るまでの約18年間は人材業界の激動期であり、その状況は、日々刻々と変化しています。

転職３年目の２００８年にはリーマンショックが起き、製造業で派遣社員の派遣切りや雇い止めが横行して社会問題に発展しました。それから10年がたった２０１８年に成立した「働き方改革関連法」は、日本企業はもちろん、この国で働く全ての人々の生活に影響を及ぼしています。また、共働き家庭がスタンダードになり、子育てと仕事を両立する世帯が多数派を占め、65歳で定年を迎えた後も働き続ける高齢者も増えています。その間、日本の少子高齢化は加速し、労働力人口は減少を続けているのが実情です。こうした状況下で、外国人材が日本の産業を支えている事実は、否定しようがありません。日本で働く人々の年齢層や属性、国籍までもが多様化しているのです。

多種多様な人材が生活を営む社会では、個人の働く時間や場所、環境を限定し過ぎると、雇用の機会を奪うリスクにつながります。反対に、一人一人に対して、ほんの少し働きやすい環境をつくれば、これまで〝働きたくても働けなかった人〟も仕事に就くチャンスに恵まれるはず。それでも、日本企業のほとんどが午前9時に出社して午後5時に終業することを〝一般的な働き方〟と定義しているのが実情です。コロナ禍では、感染症対策のためにリモートワークを取り入れるなど、日本の職場にも変革が訪れましたが、新型コロナウイルス感染症が5類に移行したのを機に、リモートワークを廃止した企業も少なくないようです。多くの人が求める多様な働き方と、それを許容できていない企業のひずみは、日本社会が抱える大きなジレンマになっています。

多様な人材が活躍するために必要なDX

とくに今後、確実にその数が増えていく〝外国人材〟にとって、働きやすい職場づくりは必須。その手段として、私たちが提案するのがテクノロジーによる解決策なのです。便宜上、本書では「DX」と表現していますが、サービス内容によっては「HR（Human Resources）テック」に近いものも含まれます。

まず、海外の人材が日本企業で活躍するための〝入り口〟をネット上に構築しました。第3章でも述べた通り、現在、特定技能外国人材が日本の企業で働きたいと考えて求人を探しても、彼らに開示される情報に偏りがあり、採用後のミスマッチにつながっている状況です。そこで当社では、外国人材求人サイト「みんとくワーク」を運営し、外国人材と企業のマッチングが適切に行われるように支援しています。企業の採用情報だけでなく、制度や市場、職場の環境に関する情報を可能な限り紹介し、彼らの〝選択の幅を広げる〟役割を担うサイトです。

もちろん、入り口だけでなく、外国人材が実際に働く場も整備しなければなりません。当社が提供している「前トレ動画サービス」や、外国人材の学習プラットフォーム「edupoke global」は、現場が抱える課題を解消するツールとして展開しています。前者は実務の修得スピードを向上する動画サービスであり、後者は個人の日本語学習と、キャムコムグループが独自に提供する雇用され得る力（エンプロイアビリティ）を養う「LQプログラム」をパソコンやスマホで学べる、学習ツールになっています。ツールを介して外国人スタッフと日本人スタッフが、ストレスなく意思疎通が図れるようになれば、外国人スタッフはもちろん、共に働く日本人スタッフにとっても働きやすい環境がつくれるはず。多くの企業にとって課題になっている、作業中の事故のリスクや外国人材の孤立を防ぎ、個人のエンゲージメントの向上と人材の定着につながるサービスでもあるのです。

ただし、これらのツールやアプリを〝導入するだけ〟で、全ての問題が解決すると考えるのは早計。それぞれを適切に運用して生産性を上げ、企業の成長につなげて初めてDXの恩恵が得られるのです。近年、さまざまな企業が「DXによる生産性の向上」を目指していますが、DXが〝手段ではなく目的〟になり、本来の目的を達成できていないケースが散見されます。そのままでは社員の生産性は向上せず、企業の成長にもつながらない……という悪循環に陥ってしまい、DXを断念する結果を招きかねません。

DXの実現に必須の〝インとアウト〟

なぜ、日本企業のDXはこれほどまでに進まないのか。余談になりますが、ツールを導入する際に〝インとアウト〟を明確にしていない企業は、DXが思うように進まないという共通点があります。

私はエンジニアだった前職で、最先端の技術を駆使しながら2年ほどの歳月をかけて、専門性の高いシステムの開発にチームで取り組んでいました。システム開発事業ではまず、どんなツールやシステムを導入して（手段）、何を生み出すか（目的）という、インとアウトを定義してからプロジェクトをスタートさせるのが鉄則です。キャムコムが提供するHRテックの開発は、短期間でサービスに昇華しなければなりませんが、やはりインとアウトを明確にした上で、開発を進めるように徹底しています。どんな企業も、デジタルツールやアプリを導入する際に、それによって実現したい目的を定めなければ、その成果を実感することは不可能です。

例えば、ツールを利用して何かしらのデータを集めたとしても、そのデータをどのようにビジネスに生かすのか、事前に定義しておく必要があります。また、複数のツールを導入し、それぞれをクロスさせて効率化するのもDX化のメリットなのですが、アウトを定義しないまま、たくさんのツールを導入しても意味がありません。それぞれが独立したままでは、部分最適化にとどまり、生産性の向上や大幅なコストカットといった〝全体最適化〟にはつながりません。

そして「こうすればDXによる恩恵が受けられる」という〝答え〟がないのも、各企業が頭を抱える原因になっています。当然ながら、DXを通して実現したいアウト（目的）は業種や企業ごとに異なるため、導入すべきツールも多種多様。その中には、専門的な知識を要するものもあるでしょう。しかし、人材が不足している中小企業では、まったく別の本業を抱えている社員が、DXの推進担当も兼任させられて途方に暮れてしまうケースがあまりにも多い。人的コストの限界も、企業のDX化を阻む要因になっているのは確かです。

私たちは、企業が抱えるDX化の課題を熟知しているからこそ、人による〝リアルなサポート〟の重要性も深く理解しています。そのため当社では、実際にサービスを導入していただいたお客さまが、コストに見合ったメリットを享受できるようにリアル面のサポートにも力を入れているのです。人材業界には、HRテックの開発に注力してツールの提供のみに徹する企業もありますが、キャムコムグループの場合は、会社の規模やこれまで培ってきた経験、お客さまとの関係性を考慮すると〝ツールの提供のみ〟では、サービスとして不十分でしょう。私個人としても、リアルな場でのサポートを前提にしつつ、最新のテクノロジーを提案していくのが、人材サービスのあるべき姿だと考えています。

ツールの使用に慣れるまで、担当者がお客さまに寄り添い、運用後に発生した問題も解決するまで並走しなければ、当社の存在意義はありません。キャムコムグループでは、デジタルとリアル、双方の得意分野と苦手分野を補完しながらサービスの提供を続けていきます。

外国人材と企業の〝選択の幅〟を広げる

今後当社はサービスを通して、外国人材市場における〝選択の幅〟をさらに広げていきます。採用プラットフォームの運営や教育ツールの導入支援を通して、情報の透明性を上げて外国人材の多様な選択を可能にするのが、私たちの一つ目の〝アウトプット〟です。一方、キャムコムグループのサービスを利用していただくお客さまにとっては、かかるコストが適切であり続けなければなりません。お客さまと働く人々と真摯に向き合っていく姿勢は、今後も変わらないでしょう。これからも外国人材と企業、双方がメリットを享受できる仕組み作りに取り組んでいきます。

二つ目のアウトプットは、外国人材のキャリアアップ支援の拡充です。日本を選んで働きに来てくれる外国の人々が、自由にキャリアを選択できるようにサポートするのも私たちの重要なミッション。現在は「みんとくワーク」を通して求人情報を提供し、キャリアアップの機会を提供していますが、閲覧者が自ら企業を選び、応募する形式になっているので、企業からのアプローチはできません。今後は、日本人材向けの求人サイトで定着している〝スカウティング〟や〝ダイレクトリクルーティング〟といった、企業が人材にアクセスできる機能も搭載予定です。そうなれば、外国人材本人はもちろん、雇用する企業の選択肢も広がり、より良いマッチングが実現するでしょう。

そのほか、外国人材が帰国してからのキャリア形成や、母国で活躍するための環境づくりにも力を入れていきます。日本で高いエンプロイアビリティを身に付けた人材は、インドネシアやベトナムに帰国した後も、求められる人材になっているはず。彼らの潜在能力を最大限に引き出し、その力を十分発揮できるキャリアを提案するのも、人材業界に身を置く私たちの使命なのです。

これまでキャムコムグループは、さまざまな企業の声や、働く人々一人一人の声に耳を傾け、サービスの改善に努めてきました。今後もキャムコムグループは、外国人材と、彼らが輝ける職の場をつなぐ架け橋として、外国人材業界に新たな風を吹き込みます。

コラム5

海外から見た日本の外国人労働の問題点とその人権

「人権後進国」日本への厳しい目

近年、欧米を中心とした先進国では、社会生活を営む人々の人権尊重の義務化に力を入れています。例えば、米国では2022年6月に「ウイグル強制労働防止法」が施行されました。この法律により、新疆ウイグル自治区から米国への輸入品は、製造元の企業が「強制労働で生産されたものではない」と証明できない限り、同自治区が関わった産品の輸入を原則禁止としています。

そのほか、フランスの「企業注意義務法」では、奴隷や人身取引に加えて、人権と基本的自由、人の健康と安全、環境など幅広い分野の課題を〝大企業が対処すべきリスク〟に指定。フランスでビジネスを展開する企業に、人権侵害や環境被害を防止する計画の作成と実施を義務付けています。このように、世界では経済活動を行う多くの企業に人権への配慮が求められているのです。

各国が人権に目を向ける中、日本は他国から「人権後進国」という、残念な評価を受けています。男女平等の達成率を示す「ジェンダーギャップ指数ランキング」の低さや、出入国在留管理庁（入管）に収容された外国人への対応などを理由に、わが国の人権意識の低さが指摘されているのです。中でも、これから新制度への移行が予定されている「外国人技能実習制度」は、長いあいだ強い批判を浴びてきました。「国際労働機関（以下、ＩＬＯ）(*)」は、日本の技能実習制度に対してＩＬＯ第29号条約に抵触する〝強制労働〟に当たると指摘しています。強制労働とは、なんとも強烈な言葉ですが、ＩＬＯは技能実習生が劣悪な環境下で生活を強いられていたり、賃金不足や未払いが横行していたりする状況から〝技能実習生の人権が守られていない〟と判断し、改善を要請しているのです。

そして２０２３年4月、日本政府は重い腰を上げて外国人技能実習制度の見直しを決めました。各国の人権に対する関心の高まりに加え、人権リスクを可能な限り排除したビジネスが国際的に求められていることが、今回の見直しにつながったと考えるのが妥当でしょう。ここでいう「人権リスク」とは、労働者に対する賃金の不足や未払い、過重労働、パワハラ・セクハラのほか、児童労働、ジェンダー差別、強制労働など、幅広い分野の守るべき人権を指します。企業が行うこれらの取り組みは「人権デューデリジェンス」と呼ばれ、年々、実施の必要性が高まっているのです。

避けて通れない「人権デューデリジェンス」の対応

本コラムの冒頭で触れたように、欧米では人権に関わる法規制を進めているため、それらの国ではビジネス上の人権尊重が〝義務化〟されています。２０２３年現在の日本では、義務化こそされていませんが、規制が進む国の企業と関わる日系企業も、調査や実施の対象となるのです。もしも、日本企業内で人権侵害が発覚した場合、人権尊重を義務化している国の企業との契約が打ち切られる可能性があります。人権に対する配慮の有無は、企業経営を左右する重要な要素となりつつあるのです。

では、人権後進国の日本でも企業の人権デューデリジェンスは進んでいるのでしょうか。日本貿易振興機構（ジェトロ）が、日本企業約3000社を対象に行った調査によると「人権デューデリジェンスを実施している」と答えた企業は、207ページのグラフにある通り10・6％にとどまり、実施予定がない企業が46・2％と大多数を占める結果に。そのほかの企業は「1年以内に実施予定」が3・3％、残りの39・9％は「数年以内の実施を検討中」と回答しています。大半の企業が人権対応に取り組んでいない状況ではありますが、人権後進国脱却に向けて、少しずつ歩みを進めているようです。

世界の動向を見ても「うちは日本企業からのみ受注しているから関係ない」と考える中小企業経営者もいるかもしれません。

しかし、その取引先が海外展開をしていたり、欧米企業との取引があったりすれば、〝サプライチェーンに関わる企業〟として、調査や取り組み実施の対象になるケースが多いです。むしろ、技能実習生を受け入れる機会が多い中小企業こそ、人権と真剣に向き合う時期に来ている、といっても過言ではありません。

日本政府は、取引先から対応を求められる中小企業が増えると想定して「責任あるサプライチェーン等における人権尊重のためのガイドライン」を策定し、インターネット上に公開しています。これから先、ビジネスと人権を地続きで考える企業でなければ生き残れない。私はそう考えています。

（＊）…　1919年設立。人々の働く権利を尊重し、労働条件の改善を通じて世界平和の確立を推し進める国際機関

人権デューデリジェンス（DD）の実施状況

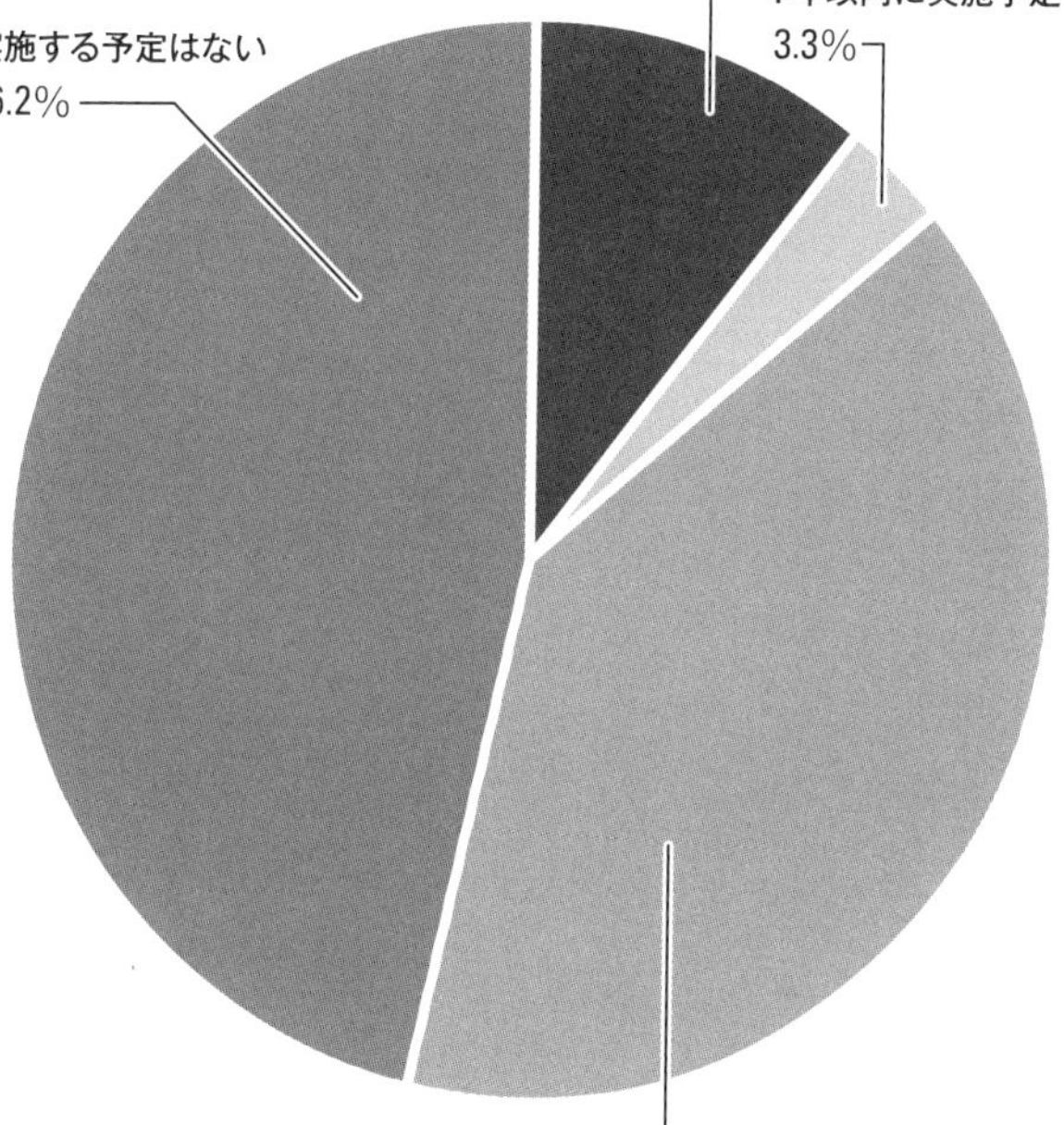

日本貿易振興機構（ジェトロ）
「2022年度 日本企業の海外事業展開に関するアンケート調査」

エピローグ

外国人材支援事業の未来と
キャムコムグループの「決意」

日本で働く全ての人々のインフラを目指して

綜合キャリアオプション（現キャムコムグループ）の入社初日。私はグループ代表の神保紀秀から、ある課題を出されました。

「じゃあ、まずは『勇気とは何か。それは本当に必要なのか』というテーマで作文を書いてきて」

学生時代から前職まで数式ばかり書いてきた私は、作文を書き慣れておらず、かなり苦戦しました。そんな自信のなさも相まってか、最初に書いた作文は1行目から厳しい駄目出し。私が作文を提出するたび、神保は「万人に受け入れられる表現を使わなければならない。宮林が考える〝勇気〟は本当に万人に共感してもらえると思うか?」と、叱咤しました。それからは、神保のアドバイスと「勇気」という言葉に向き合う日々。1週間ほどで課題をクリアしましたが、この経験で私が学んだのは〝勇気はなぜ必要なのか〟という問いの答えではありません。

私に問われていたのは、自分が〝当たり前〟と認識している道徳や考え方は、万人に通用するのか否か。そして、課題は私の中の固定観念を打ち壊すマインドを養うのが目的だったのです。一つの言葉を掘り下げるのは大変な作業でしたが、今思えば非常にぜいたくで有意義な時間でした。

私たちが身を置く人材業界は、働く人全てがビジネスパートナーであり、キャムコムグループのミッションは、一人でも多くの人にいい仕事を提供し、人材業界の〝インフラ〟になることです。だからこそ、万人に伝える努力を惜しんではならない。畑違いの業界から転職してきた私に、そうしたグループの核となるパーパスを伝えるための課題だったのかもしれません。

当社は長年、製造業界の人材事業を主軸に展開してきましたが、2021年には新たに株式会社ロジテックという別会社を立ち上げて物流業界に進出しました。現在は、大手物流会社と提携して作業の効率化に尽力し、人と現場のマッチングプラットフォームを構築中です。物流業も製造業と同様に人手不足が最重要課題となっている業界。物流業界にも、外国人材業界に負けず劣らずさまざまな難題が山積しており、今も課題の解決策を模索しているさなかですが、それはまた別の機会にお話ししましょう。

このようにより多くの人々が、より快適に働き、やりがいを得られるシステムはあらゆる業界・業種で求められているのです。私たちは今後もグループのミッションを達成するためにも、万人に受け入れられる仕組み作りに力を入れていきます。

そしてもちろん、ここでいう〝万人〟には、本書のメインテーマでもある外国人材も含まれます。日本の職場の常識や固定観念にとらわれ、上から目線で受入れをしても、外国人材はその実力を発揮できません。受入れ先が外国人材の能力を生かす環境をつくってこそ、次のステージに駒を進められるのです。

日本の企業は今、生き残りを懸けた選択を迫られている

これまでのように外国人材を「安い人材」と勘違いしたまま、〝選ばれない企業〟になってしまうのか。それとも、外国人材に選ばれる企業を目指し、外国人材を労働

生産性が高い競争力に変えることができるか――。日本の企業は今、生き残りを懸けた選択を迫られています。

読者の皆さんはどちらを選ぶべきなのか、その答えが見えているはずです。本書を手に取り、行動に移した企業には明るい未来が待っていることでしょう。私も皆さんも、まだまだ成長の途中です。共に歩んでいきましょう。

最後になりますが、本書の執筆に当たって快く取材をお受けいただき、さまざまな知見を与えてくださった企業の皆さまに感謝を申し上げます。

2024年4月

宮林利彦

▼ キャムコムグループについて

「働く」に関する社会課題をビジネスで解決する会社として、HRテックをはじめ、人材紹介・製造派遣・外国人雇用支援・事務アウトソーシングなど多様なサービスを展開している。

○ 海外関連事業
　海外拠点（ベトナム、インドネシア）
■ 技能実習
　技能実習生の借金問題を解決するための取り組み
　インドネシア政府連携　「IJCプログラム」
　ベトナム政府公認　「VJCプロジェクト」
　ライフサポート事業
■ 特定技能
　特定技能外国人紹介事業 ／ 登録支援事業
　国内最大級の特定技能外国人向け求人サイト　「mintoku work（みんとくワーク）」
■ 技術・人文知識・国際業務
　人材紹介事業
　海外ジョブフェア運営事業　「CAM MESSE」
■ システム開発・販売
　就職・生活サポートアプリ　「mintoku」
　多言語動画マニュアル　「前トレ」
　外国人雇用管理システム　「CAMCAT」
■ 施設運営
　入国後講習施設運営事業　「キャムテック エデュック アカデミー」（成田、大阪）
■ メディア運営
　外国人労働者の雇用・採用WEBメディア　「海外人材TIMES」
　海外人材マネジメントサービス　「GMS」
■ その他関連事業
　日本語教育サービス ／ 海外インターン事業 ／ ビザ申請代行

▼ 編集協力

岡崎雅史、大貫未来（株式会社清談社）
宮谷聡（株式会社FIVE GATE）
門口良温（株式会社リンクウィル）
大山恭広（キャムテック海外事業 マネージャー）
鮫島慎吾（キャムテック海外事業 コンサルタント）
三石晃史（海外人材タイムス 代表取締役）
北沢智子（JOE協同組合 代表理事）

農事組合法人マジカナファーム
JA大樹町
三同建設株式会社
社会福祉法人埼玉医療福祉会
サン工業株式会社
株式会社テージーケー
日本トレクス株式会社
株式会社北川製菓

▼ 参考URL

厚生労働省
https://www.mhlw.go.jp/index.html

公益財団法人 国際人材協力機構
https://www.jitco.or.jp/

出入国在留管理庁
https://www.moj.go.jp/isa/

海外人材TIMES
https://kjtimes.jp/

mintoku work（みんとくワーク）
https://minnano-tokugi.com/

［著者］

宮林利彦（みやばやし・としひこ）

株式会社キャムコム代表取締役。横浜国立大学理工学部機械工学科卒業。警戒レーダーや電波監視システムのプロジェクトマネジメントを経て2006年株式会社綜合キャリアグループ（現キャムコムグループ）に入社。人材業界では異色の80名近くのシステムエンジニア部門を育て上げ、CTOを経て2016年グループの事業統括に就任。複数のグループ会社の経営を経験した後に、2022年株式会社キャムコムの代表取締役に就任。人材派遣事業のリソースを生かしたグローバル事業、IT関連事業の開発に積極的な投資を行い、キャムコムグループの第二創業期をけん引している。

外国人材を競争力に変える法

——日本企業が外国人から「選ばれる力」を持つために

2024年6月25日　第1刷発行

著　者——宮林利彦

発行所——ダイヤモンド社

〒150-8409　東京都渋谷区神宮前6-12-17

https://www.diamond.co.jp/

電話／03･5778･7231（編集）　03･5778･7240（販売）

装丁————宇那木孝俊(宇那木デザイン室)

校正————渡辺公子

製作進行——ダイヤモンド・グラフィック社

印刷————ベクトル印刷

製本————ブックアート

編集担当——久世和彦

ISBN 978-4-478-11769-9